I0786158

SEIS ENSAYOS
SOBRE LA DEMOCRACIA

CARLOS ALBERTO MONTANER
GUILLERMO LOUSTEAU HEGUY
CARLOS SÁNCHEZ BERZAÍN
BEATRICE RANGEL
ASDRÚBAL AGUIAR
LUIS FLEISHMAN

THE DEMOCRACY PAPER
No. 16

ISBN: 9781723773129

Design: Kiko Arocha
www.alexlib.com

Fondo Editorial
Interamerican Institute for Democracy
2100 Coral Way. Ste. 500
Miami, FL 33145
U.S.A.
Tel: (786) 409-4554
Fax: (786) 409-4576
www.intdemocratic.org
iid@intdemocratic.org

ÍNDICE

INTRODUCCIÓN · · · · · · · · · · · · · · · 7

LA IGNORANCIA Y LA ECONOMÍA
Carlos Alberto Montaner · · · · · · · · · · · 11

SOBRE EL POPULISMO
Guillermo Lousteau Heguy · · · · · · · · · · 24

AMÉRICA LATINA, 17 AÑOS DESPUÉS
DEL 11 DE SEPTIEMBRE DEL 2001
Carlos Sánchez Berzaín · · · · · · · · · · 41

SOBRE IDEAS Y CREENCIAS:
UN TRIBUTO A PAZ Y A ORTEGA Y GASSET
Beatrice E. Rangel · · · · · · · · · · · · 45

ELEMENTOS PARA UNA TEORÍA NORMATIVA
DE LA DEMOCRACIA
Asdrúbal Aguiar · · · · · · · · · · · · 54

PRESENTACIÓN EN EL FORO "VISIÓN
EVOLUTIVA DE LA DEMOCRACIA"
Luis Fleischman · · · · · · · · · · · · 73

INTRODUCCIÓN

The Democracy Paper, publicación periódica que desde el año 2010 publica el Fondo Editorial del Interamnerican Institute for Democracy, convoca y hospeda a pensadores que sienten la necesidad de expresar sus ideas sobre la libertad y la democracia, valores tan dejados de la mano en algunos países latinoamericanos. Medio centenar de estudiosos nos han acompañado en este bregar, arrojando luz sobre infinidad de aspectos con el propósito de promover esos valores. Muchas gracias a todos. Invitamos a que continúen enviando sus estudios académicos sobre problemas culturales y sociopolíticos en favor de la información y la discusión.

Sinopsis de este, el decimosexto número:

CARLOS ALBERTO MONTANER, en su ensayo "La ignorancia y la economía" nos convence de que esos dos conceptos son inversamente proporcionales entre sí, similares al *caudal* de un río y el *tiempo* en que este llena una presa; y no por una sola razón, sino por diez que explica con contundencia.

GUILLERMO LOSSTEAU HEGUY diserta sobre el populismo para analizarlo y disecarlo, desde su nacimiento en la

Rusia de 1878 hasta su sorpresivo resurgimiento en 1970 como manifestación antisistema. Lousteau descubre la piedra de toque para valuar diversos populismos: cómo interpretan el papel que desempeña la Constitución del Estado.

CARLOS SÁNCHEZ BERZAÍN muestra un amargo hecho histórico: diecisiete años después del ataque a las torres gemelas y de la *Carta Democrática Interamericana*, existen cuatro dictaduras en la región: Cuba, Venezuela, Nicaragua y Bolivia, donde donde antes estaba solitaria la de Cuba. La concentración de Estados Unidos en la Guerra Global contra el Terrorismo causó su retiro estratégico de América Latina e ignoró la expansión cubana mediante el "proyecto bolivariano". El retroceso está en vías de subsanarse con la lucha de los pueblos, la acción de los gobiernos democráticos y la nueva política exterior norteamericana.

BEATRICE RANGEL rinde tributo a las ideas de Octavio Paz y Ortega y Gasset respecto a que el desequilibrio o enfermedad que aqueja a Latinoamérica tiene su origen en la formación medieval y oscurantista que la parieron como plataforma de *extracción*, en lugar de *creación* de riquezas, situación que la independencia no eliminó, sino que solamente decoró con el pensamiento libertario de la iluminación, mientras quedó intacta la ruptura entre el *creer* y el *saber*.

ASDRÚBAL AGUIAR nos recuerda en su exhaustivo análisis que la democracia no se reduce a lo electoral, sino que abarca la separación de los poderes públicos, la no perpetuación en el poder, la libertad individual, la justicia social, el respeto a los derechos humanos y su protección judicial, la libertad política, la libertad de los medios de comunicación y el desarrollo económico que permita condiciones de vida justas y humanas para el pueblo. Defiende esa democracia representativa contra su caricatura, la democracia popular, plebiscitaria, populista y directa, como la de Venezuela, eje del neopopulismo totalitario en boga.

Luis Fleishman argumenta en su ensayo que la democracia puede ser destruida por líderes electos democráticamente, y ejemplifica con las dictaduras de izquierda en Venezuela, Nicaragua y Bolivia. Establece que la democracia moderna debe conciliar los conflictos de intereses materiales e ideológicos para superar la creciente polarización social. El ciudadano, además de votar a sus líderes, debe exigirles responsabilidad, participar en el debate público y ejercer vigilancia sobre los elegidos. Subraya la importancia del poder judicial mediante la educación y el escrutinio civil.

Kiko Arocha
Editor

La ignorancia y la economía

Carlos Alberto Montaner

En 1556, el poderoso emperador Carlos V decide abdicar y se retira a vivir en el monasterio de Yuste, en Extremadura, España. Está cansado de las continuas guerras, deprimido por la muerte de su esposa —Isabel de Portugal— y de su madre —Juana la Loca—, y atormentado por los dolores que le produce la gota, ese trastorno metabólico que, convertido en una terrible punzada, suele alojarse en las articulaciones, preferiblemente en los dedos gordos de los pies, dolencia a la que entonces, por esa razón, llamaban *podagra*.

Carlos V, sencillamente, quiere huir de la muerte y del dolor.

Pero, una vez instalado en su nueva y austera residencia, razonablemente confortable para los estándares de la época, Carlos V de Alemania, o Primero de España, como prefieran llamarle, guiado por la ignorancia, toma dos decisiones fatales. Bebedor de cerveza, hace sembrar cebada, mientras un par de maestros cerveceros que se había traído de Alemania instalan un alambique para destilarla. Los médicos que lo acompañan intuyen, con cierta razón, que alguna relación tiene la gota con los riñones, y saben que la cerveza estimula las ganas de orinar, así que aprueban con entusiasmo la afición del exemperador por esta forma refrescante del alcohol. Entonces nadie sabía que esa bebida, rica en purina, aumentaba los niveles de ácido úrico de los gotosos, así que el pobre Carlos V incrementaba el problema con cada jarra de cerveza que ingería.

La segunda decisión equivocada tuvo que ver con un criterio estético. Carlos V se hizo construir una alberca para mirarla desde la ventana y acaso darse un chapuzón en los días de calor intenso. Pensaba que esos baños podían calmar el dolor de la gota. Tal vez, pero el agua estancada atraía a los mosquitos. Un mosquito le transmitió la fiebre amarilla y el pobre hombre murió en medio de los temblores y dolores de todo tipo que provoca el paludismo.

¿Cuál es el propósito de comenzar una reflexión sobre el desarrollo con esta curiosa anécdota histórica? Sencillo: demostrar que la ignorancia, generalmente convoyada por percepciones distorsionadas, conduce a la toma de decisiones equivocadas y fatales, incluso por las personas más poderosas.

Primera mentira: la riqueza de las naciones poderosas ha sido el resultado del saqueo de las más débiles

No es cierto. España, Portugal y Turquía han sido tres de los mayores imperios de la Tierra y no comenzaron, realmente, a prosperar hasta que se desembarazaron de sus conquistas. Constituir y defender un imperio suele costar mucho más que la riqueza que éstos suelen producir.

Recuerdo, a principios de los años noventa del siglo pasado, tras el derribo del Muro de Berlín, una consigna entonces en boga en Moscú: "Hay que liberar a Rusia del peso de la Unión Soviética". Los rusos, finalmente, comprendieron que el costo de mantener girando en torno a su país un rosario de satélites, a lo que agregaban costosas y lejanas colonias políticas del Tercer Mundo, como Cuba o Etiopía, desangraba inútilmente la tesorería nacional.

Holanda y Suecia nunca fueron más ricas que cuando se disolvieron sus imperios. La pequeña Suiza nunca lo ha tenido y es una de las naciones más prósperas del planeta. La riqueza de Francia no se derivaba del expolio de sus colonias, sino del comercio, como le sucedió posteriormente a los Estados Unidos.

Es mucho más lo que Inglaterra sembró en sus colonias que lo que extrajo de ellas, como puede comprobarse en Estados Unidos, Canadá, Australia, Irlanda o Nueva Zelanda. La pujanza económica que hoy vemos en un país como India, excolonia británica, se debe a la impronta civilizadora de Inglaterra y no a las milenarias tradiciones hindúes, totalmente alejadas de la mentalidad competitiva del capitalismo moderno.

Es verdad que las naciones imperiales obligaban a sus colonias a consumir productos generados por la metrópolis, dentro de la mentalidad mercantilista de la época, pero ya Adam Smith, a fines del siglo XVIII, advirtió que ésa era una medida mutuamente empobrecedora. Servía para enriquecer a ciertos cortesanos coludidos con la Corona, pero no favorecía al conjunto de la sociedad.

Ése fue uno de los caballos de batalla del pensamiento y las revoluciones liberales: abrirse al comercio internacional y a la competencia.

Segunda mentira: las naciones poderosas crean unas formas de comercio y producción que condenan a la miseria o a la mediocridad a los pueblos menos desarrollados

No es cierto. Nadie ha impedido a Taiwán convertirse en un país del Primer Mundo especializado en bienes de alta tecnología. Ninguna nación codiciosa ha tratado de evitar que Corea del Sur inunde el mundo con autos y electrodomésticos. Tampoco intentan que Brasil no produzca y venda buenos aviones, pese a que es un Estado notablemente proteccionista, o que México exporte cemento, muebles o petróleo a Estados Unidos.

La Teoría de la Dependencia, que una y otra vez asoma su equivocada cabeza, aunque a veces se disfraza de patriótico nacionalismo, es un total disparate.

Si mañana un laboratorio argentino desarrolla una vacuna contra el cáncer, o una empresa chilena de informática crea un buscador más eficiente que Google, impondrán sus productos en el mercado internacional si cuentan con el talento para comercializarlo. Por el contrario: una y otra vez los organismos financieros internacionales rescatan a los países pobres cuando se encuentran en apuros. En un mundo interdependiente como el nuestro, a ninguna nación le interesa la ruina del vecino.

Tercera mentira: el Estado debe dictar las líneas maestras del desarrollo porque el mercado abierto conduce al desorden

No es cierto. El Estado no debe frenar o limitar la creatividad de la sociedad imponiéndole una planificación ordenada. En gran medida, el desarrollo es producto de los avances tecnológicos, y estos espasmos creativos se dan de manera espontánea e imprevista. En el siglo XVIII, a unos técnicos desconocidos se les ocurrió colocar raíles en las minas para extraer los minerales en vagones de metal. Cuando se perfeccionó la máquina de vapor, otros ingeniosos mineros sustituyeron las mulas con locomotoras. Sin advertirlo, habían inventado el tren.

A fines del siglo XIX, el señor Edison inventó la bombilla incandescente y creó las redes y la empresa para distribuir la electricidad. Al teléfono, a la aviación, a la radio, a la televisión, les ocurrió lo mismo. Nada fue planificado por el Estado. Incluso internet, que surgió como un proyecto del Pentágono para comunicar los puestos de mando en caso de guerra, sólo explica su fenomenal desarrollo porque la iniciativa privada lo sacó de la cuna y lo hizo crecer.

Ésa no es la función del Estado. No puede hacerlo. No sabe hacerlo. Por eso el mundo socialista, dirigido por el Estado, fue prácticamente estéril en el terreno de la creación.

De la chispa genial surge la invención; tras la invención aparece la empresa; tras ella, la competencia y la actividad frenética que cambian el panorama económico.

Nada de eso puede ser decidido por unos funcionarios agobiados que sólo pueden planificar sobre la realidad existente —como si viviéramos en una dimensión estática—, pero que no pueden avizorar el futuro... que ya se está cocinando en los laboratorios o en la imaginación de ciertas personas impetuosas y creativas.

Ante esa imposibilidad de prever el futuro, lo que debe hacer el Estado es crear y tutelar las condiciones para que la sociedad civil pueda desenvolverse y crear riqueza con la menor cantidad posible de limitaciones.

No es falso que cada invención también destruye empresas y capital acumulado, como advirtió Schumpeter, pero el daño de tratar de embridar la imaginación y la espontaneidad es mucho mayor.

Planificar el futuro colectivo y decidir arbitrariamente lo que debemos producir o consumir es una manera lamentable de empobrecernos.

Cuarta mentira: la calidad de un Estado se mide por el nivel de gasto social y la solidaridad que ello demuestra

No es cierto. Un Estado ideal es aquel que no requiere gasto social porque todas las personas encuentran la manera de ganarse la vida decentemente con su propio esfuerzo.

Sabemos que eso es imposible, dado que siempre hay un porcentaje de personas incapacitadas por diversas causas; pero cuanto menos gasto social se necesite, mayor será la calidad de un Estado y más clara será la demostración de que esa sociedad ha creado un tejido empresarial vasto y competitivo, en el que todas las personas encuentran su espacio.

Quinta mentira: una de las funciones principales del Estado es redistribuir la riqueza creada para evitar o limitar las desigualdades

No es cierto. O no debería serlo. La desigualdad es una de las consecuencias no buscadas de las sociedades económicamente libres.

Donde se puede crear riquezas, surgen desigualdades.

Es verdad que los gerentes y ejecutivos de las grandes empresas (especialmente en las multinacionales) reciben salarios y bonos que a veces suman hasta cincuenta o cien veces el salario promedio de los trabajadores de esas compañías, pero también es cierto que en ese tipo de empresa los salarios promedio y los beneficios marginales (seguros médicos, fondos de jubilación, asignaciones para estudios, vacaciones pagadas, etcétera) suelen ser más altos que la media. Si los accionistas de una empresa creen que la remuneración de sus ejecutivos debe ser millonaria, es una decisión que sólo les compete a ellos, de la misma manera que son los dueños de los equipos de fútbol o de béisbol los que deben decidir cuánto pagan a sus deportistas.

Por otro lado, no debe olvidarse que una de las características del mundo moderno desarrollado es que los modos de vida de las clases medias no distan demasiado de los de las clases adineradas.

La distancia real entre la posesión de un Rolex y un Mercedes Benz, por una parte, y un Citizen y un Chevrolet, por la otra, es, fundamentalmente, una cuestión de estatus. Una persona muy rica puede comprar un cuadro de Picasso en una subasta e ir a recogerlo en su avión privado.

Un empleado medio, en cambio, deberá conformarse con adquirir un grabado del pintor español y volar como pasajero en un avión comercial, pero esas diferencias en el comportamiento social son totalmente adjetivas.

No le corresponde al Estado decidir qué posesiones o conductas legales son admisibles o censurables. Cada ser humano es diferente y tiene sus propias urgencias psicológicas y sus propias necesidades materiales.

En las naciones desarrolladas el puñado de ricos y las inmensas clases medias comerán los mismos alimentos, se atenderán en las mismas clínicas, tomarán medicamentos similares, se divertirán de igual manera y dispondrán de la misma información. No hay ningún estudio que indique que los ricos viven más años, o son más saludables y felices que los miembros de los sectores sociales medios. Es verdad que los ingresos son desiguales, pero ese dato no es tan importante, mientras que dedicarse a corregir esos desniveles en un tono acusador lo que provoca y fomenta es la dañina lucha de clases. Por otra parte, la evidencia indica que los grandes capitalistas, mientras acumulan sus fortunas, crean riquezas que benefician a millones de personas.

Los ejemplos de Bill Gates y Warren Buffet son clarísimos. Están entre las personas más ricas del planeta, pero el capital que han acumulado (y voluntariamente dedicado a ayudar a los necesitados) no ha empobrecido a nadie. Por el contrario, suelen remunerar muy bien a sus trabajadores y han enriquecido a millones de personas por medio de la venta de acciones y, en el caso de Buffet, reflotando empresas.

La riqueza crece por medio del trabajo y el comercio. No es una suma estática y limitada.

Sexta mentira: los países con menos desigualdades son aquellos en los que existe una mayor presión fiscal

No es cierto. Pueden coexistir ambos fenómenos, pero la presión fiscal no es la causa de que exista una menor desigualdad, sino la consecuencia de la calidad del tejido productivo y del volumen de riqueza que la sociedad crea.

Es en las naciones que tienen un aparato productivo variado y con gran valor agregado, en las naciones donde las empresas compiten entre sí y se disputan la mano de obra calificada, donde hay una mejor distribución de ingresos.

En un país como Brasil, por ejemplo, donde hay unos desniveles sociales enormes, eso no sucede con los empleados de la fábrica de aviones Embraer o con los trabajadores de Petrobras, porque el valor que agregan a la producción determina que sus salarios sean mucho más altos que los que reciben los recogedores de café o los lustradores de calzado. Para poder pagar veinticinco dólares por hora a un empleado, el bien que éste produce —o el servicio que presta— tiene que valerlos en un mercado competitivo.

Séptima mentira: el Estado debe determinar los salarios y los precios para evitar las injusticias

No es cierto. Los funcionarios públicos no tienen una manera racional de determinar qué es un salario justo. La definición de salario justo como "la cantidad que se requiere para tener una vida digna" es la expresión lírica de un deseo noble más que el producto de una realidad económica. La única forma de contar con salarios altos que respondan a la economía real pasa por disponer de un tejido empresarial denso y competitivo que tienda al pleno empleo, para que los empresarios tengan que pujar por los mejores trabajadores y compensarlos debidamente para retenerlos.

Los asalariados no van a ganar más por la bondad de los funcionarios o por la fiereza de los sindicatos, sino por la competencia y el valor que se agregue a la producción. Si el Estado, alentado por los sindicatos, marca unos salarios y unas prestaciones excesivas, acabará por generar desempleo, fuga de capitales, desinversión y destrucción de empresas. Tampoco tiene sentido esperar de los empresarios una actitud benevolente y generosa. La tendencia de la mayor parte de los empresarios será pagar lo menos posible a sus trabajadores. No debe olvidarse que la esclavitud existió hasta hace muy poco (yo conocí en mi niñez cubana a personas que habían nacido esclavas), y fueron escasos los empresarios que hacían ascos a lo que llamaban esa *institución peculiar*.

Octava mentira: la educación nos sacará de la miseria

No es cierto. La educación es sólo un componente del desarrollo y la prosperidad. Es muy importante, pero sirve de muy poco si no cuenta con una sociedad hospitalaria con la posibilidad de crear riquezas, dotada de las instituciones adecuadas para ello, tanto en el terreno legal como en el financiero.

Los países europeos del bloque socialista probablemente estaban mejor educados que Estados Unidos o Canadá, si lo que se juzgaba era el conocimiento medio de sus bachilleres o licenciados. Cuba, cuyo gobierno persigue con saña a las personas emprendedoras, cuenta con casi un millón de graduados universitarios, pero muchos de ellos prefieren conducir un taxi o vender pizzas porque obtienen mejor remuneración con esas actividades que con sus profesiones.

Lo maravilloso de la historia de Microsoft, Apple o Facebook no es que cuatro muchachos en un garaje puedan crear un imperio económico en poco tiempo, sino que la sociedad en la que viven sea tan porosa, tan flexible, y con una trama de instituciones jurídicas y financieras tan notable, que haga posible el surgimiento de esos milagros empresariales.

Más impresionante que el talento de esos jóvenes creadores es el capital intangible con que contaban para llevar adelante sus proyectos.

Novena mentira: el comercio libre nos sacará de la miseria

No es cierto. Al comercio libre le ocurre lo mismo que a la educación. Es muy importante, sin él el desarrollo es imposible, o al menos es muy difícil, pero hay que tener con qué negociar.

La clave está en la oferta.

Si seguimos vendiendo café, azúcar, leche, cacao o bananos, sólo nos beneficiaremos cuando esos productos suban de precio en el mercado por un aumento inesperado de la demanda.

Es desconsolador saber que sólo la Nestlé, tras procesar y envasar convenientemente esos mismos productos, vende más que el conjunto de países centroamericanos, sin necesidad de un Tratado de Libre Comercio que ampare sus actividades.

Las sociedades escasamente productivas no pueden servirse del comercio como las que rebosan creatividad. Siempre se van a beneficiar, pero no de la misma manera ni con igual intensidad .

Hoy, centroamericanos y dominicanos se sienten frustrados porque el Tratado de Libre Comercio suscrito con Estados Unidos no ha cambiado sus vidas perceptiblemente, pero no suelen hacerse la pregunta clave: ¿qué tienen ellos que ofrecer a los 300 millones de consumidores norteamericanos? ¿Dónde están las empresas innovadoras aptas para servir a ese mercado, como hacen las chinas y comienzan a hacer las hindúes, o como hacen las de pequeños países desbordados de creatividad empresarial, como Israel, Dinamarca, Suiza u Holanda?

Décima mentira: la ayuda internacional nos sacará de la miseria

No es cierto. Ningún país puede rescatarnos. Pueden aliviarnos en una mala coyuntura económica, y suelen hacerlo, generalmente sin mucho entusiasmo, pero nadie puede salvarnos de nuestros propios demonios.

Tras el terremoto que destruyó medio Haití se supo que en ese pequeño desastre caribeño operan más ONG que en ninguna otra parte del planeta. Y todo es casi inútil.

Sin embargo, otras zonas desesperadas del mundo, como Corea del Sur en la década de los cincuenta o Singapur en los sesenta, han hecho las cosas de manera diferente y se han colocado en el pelotón de avanzada del mundo.

Colofón

En definitiva, el camino del desarrollo y la prosperidad comienza por desterrar la infinita cantidad de mentiras y errores que circulan en nuestra sociedad y nos precipitan en la dirección del desastre.

Termino por donde comencé. Se cuenta que mientras Carlos V agonizaba por la fiebre amarilla, que suele producir una gran sed, pedía y le daban cerveza para aliviarlo. Eso le incrementaba el dolor de la gota. Cuentan que murió gritando.

No hay nada más peligroso que la ignorancia.

Sobre el populismo

Guillermo Lousteau Heguy

I. Introduccion

Un libro reciente, compilación hecha por Mario Vargas Llosa, publicado bajo el título de *El estallido del Populismo*, refleja la sensación generalizada de que este movimiento predomina en el mundo. Entre otras obras que apuntan al mismo fenómeno, *Geografía del populismo*, de la Fundación FAES coordinado por Javier Zarzalejos también agrega una descripción del movimiento populista a través del tiempo y de los espacios, que incluye países tan diversos como España, Rusia, los EEUU, Brasil y la Argentina, entre otros, y le presta especial atención a los que llama "los nuevos populismos latinoamericanos", tanto como a los nuevos populismos europeos.

La extensa bibliografía incorporada a ambas publicaciones, a las que deben sumarse —como contrapartida obligada— la bibliografía que enumera y describe las dificultades con que aparece la democracia liberal, pareciera que, en efecto, el sistema llamado "populismo" es la nueva y gran tendencia a que apunta el sistema político internacional.

Aparece así, como un fenómeno notorio de este tiempo, la proliferación de los populismos, que se ha convertido en una referencia obligada en las últimas décadas, especialmente en el mundo académico.

"Populismo" y el adjetivo "populista" fueron términos académicos antes de transformarse en expresiones de uso común.

Hoy en día, ambas palabras son incorporados frecuentemente en los debates políticos y en los medios, que señalan el surgimiento de alguna nueva amenaza populista, ya sea en Europa, EEUU o América Latina. El término, que mostraba una dinámica expansiva en el mundo académico, al volverse de uso común, se descontroló totalmente: casi cualquier cosa puede ser llamada populismo en la prensa de hoy. De acuerdo con su uso actual puede referirse a cosas totalmente diferentes y muy complejas de precisar: a una ideología, a una variedad de movimientos políticos, a un tipo de régimen, a un estilo de gobierno, o hasta un modelo económico y a una particular apelación política, sin ninguna capacidad analítica.

Bajo esas condiciones, tiene valor como concepto para entender su actualidad?

Las categorías con capacidad de definición para el análisis deben agrupar fenómenos similares para hacerlos comprensibles. Ello requiere que estos fenómenos sean conformados según sus rasgos propios, ser capaces de ser considerados como un conjunto específico y propio, y de ser diferenciados de conjuntos distintos.

Con "populismo" como categoría parece darse exactamente lo opuesto: parece más fácil y útil definirlo por lo que no es, que pretender precisarlo por lo qué es.

Esta confusión nos hace preguntarnos si estamos frente a un hecho específico, o frente a una familia de fenómenos parecidos, pero como sistemas distintos que puedan ser considerados genéricamente como populismo, con versiones heterogéneas.

II. Historia y génesis del populismo.

La demagogia descripta por Aristóteles es el antecedente cultural del populismo. En su descripción de la demagogia enunciada conjuntamente con la democracia, Aristóteles describe a los líderes políticos que ponen los deseos populares por encima de las leyes. El gobierno de la mayoría que actúa por encima del orden jurídico-afirma- provoca un estado despótico semejante al que existe en las tiranías y la asimila a la demagogia, como una forma corrompida de la democracia.

Movimientos de este tipo se encuentran a lo largo de la historia y Roma no fue una excepción, ya que tuvo numerosos ejemplos de discursos demagógicos.

El uso del término "populismo" fue utilizado por primera vez en Rusia, en 1878 para describir un cierto tipo de movimiento político como una ola intelectual según la cual los militantes socialistas tenían que aprender del pueblo y no pretender erigirse en su guía.

Años más tarde fue comenzado a ser usado de manera diferente para referirse a los que sostenían que los campesinos serían los principales sujetos de la revolución. Se designaba así a un movimiento opuesto a las clases altas y se identificaba con el campesinado.

De una forma totalmente ajena a este uso, en 1891 surgió en los EEUU el *People's Party*, movimiento de granjeros, adheridos a ideas progresistas, y con un sentimiento de resentimiento contra el orden social y con aspiraciones de reivindicación. Esta actitud se extendió a diferentes versiones: bolchevismo en Rusia, nacionalsocialismo en Alemania o fascismo en Italia.

Hacia 1950, el mundo académico retomó el término con una connotación distinta para referirse a un conjunto de movimientos reformistas latinoamericanos: varguismo en Brasil, peronismo en Argentina o cardenismo en México, que impulsaron copias menos exitosas en Chile, Perü, Ecuador y otros países de la región.

Para 1970, con el crecimiento de las formas democráticas en el mundo, populismo pasó a designar a fenómenos similares en lo ideológico y lo político y podía ser aplicado en forma generalizada e imprecisa a un régimen político, a un estilo de liderazgo, a una ideología de resentimiento o aun tipo de discurso, siempre con un sentido peyorativo.

Estos movimientos marcaron a la región como propia del populismo, y el mundo académico de Estados Unidos y Europa, tomaban a estos populismos como objeto específico de estudio. La sorpresiva aparición generalizada de populismo en otras regiones llevó a extrapolar los estudios sobre el populismo en América Latina y extenderlo a una inquietud teórica más académica.

A más de estas etapas, en el pasado existieron manifestaciones consideradas hoy como auténticas manifestaciones populistas: Andrew Jackson como presidente de los EEUU, Huey Long, gobernador de la Luisiana. Ciertas corrientes de pensamiento consideran a Thomas Jefferson y Thomas Payne, como antecedentes claros de discursos populistas, como también fueron tomados de la misma forma los episodios de maccartismo.

III. Diferentes formas de populismos

En el mundo académico, las preguntas y dudas exceden en mucho a las respuestas o precisiones sobre la definición y tipificación del populismo, debida a la expansión actual de manifestaciones afines, con algunas características típicas.

Parte de las causas de las dificultades conceptuales relativas al populismo, es ocasionada por la variedad de características con que se presentan las versiones diferentes. Esta es la razón de que el mundo académico no pueda definir al populismo.

La complejidad se visualiza por la larga enumeración de esas características y se complica aún más con las manifestaciones del pasado contrastadas con las formas actuales, entre estas, con las diferentes regiones donde se presenta.

Según el *New York Times* , en Europa es populista cualquiera que quiera poner límites a la inmigración o sea euroescéptico: con esos rasgos alcanza a configurarse sin importar otras ideas, si se critica a los EEUU, se reniega de la Unión Europea y del *establishment* político, se es populista.

Tampoco importa ser de derecha o izquierda, radicalizado o no. En Grecia, Syriza es por supuesto, populista, pero también lo son sus enemigos del movimiento neonazi Amanecer Dorado: las ideas de ambos grupos son totalmente opuestas en casi todas las maneras posibles. Sin embargo, ambos son consideradas populistas.

Esta categoría incluiría casos tan dispares como Trump, UKIP en el Reino Unido, el AfD en Alemania, el Frente Nacional en Francia, Podemos en España y el Movimiento Cinco Estrellas, en Italia (todos en el mundo desarrollado) al cual se añaden cosas tan dispares como Bolivia, Ecuador y Nicaragua, o Turquía y Filipinas.

De esta profusión pareciera que el populismo es un fenómeno político ya que efectivamente, ese término se emplea generalmente en ese ámbito. Se dice que un gobierno o un partido es populista cuando su estrategia se basa en propuestas que resultan atractivas para el pueblo, pero tienen un componente manipulador y demagógico.

Para Vicente Palermo, la demagogia consiste en reforzar en reforzar en la gente su tendencia al olvido de la naturaleza dilemática de los problemas políticos: ofrecer simpleza donde no la hay; ofrecer verdades simplificadas donde, en cambio, deberíamos saber que hay que pensar y actuar cargando con nuestras grandes dudas.

Esta afirmación está en línea con Bryan Caplan, en su libro *The Myth of the Rational Voter*, donde sostiene que dadas las condiciones en que el votante se comporta, es racional que no exista interés en capacitarse para definir claramente su voto.

De la misma forma, la estructura de la competencia electoral da una fuerza muy importante a las promesas. Por eso, hay un campo grande para la demagogia: la gente prefiere esas promesas, porque abren un horizonte.

Pero el populismo también se presenta bajo otras formas. Rudiger Dornbusch y otros opinan que existe un populismo económico, sostenido por aquellos que tienen una mirada económica que "prioriza el crecimiento y la distribución del ingreso y se despreocupa de los riesgos y efectos de la inflación y el déficit financiero, por las limitantes externas de los agentes económicos frente a las políticas agresivas que afectan al mercado. Esta forma de populismo se conecta con las políticas económicas y con la preferencia por el corto plazo. De esta manera, cualquier tipo de comentario no amigable hacia los empresarios y un sistema de capital libre y abierto es percibido como populista, como lo manifiesta la propia Cámara de Comercio de los EEUU. Obama fue acusado de populista por sostener que los millonarios deberían pagar más impuestos y lo mismo ocurrió con Hillary Clinton, por pedir que el Congreso debería enfocarse en la creación de empleo y en los ingresos de la clase media. Para el *Wall Street Journal,* la mera preocupación por el tema de las desigualdades de un ingreso es un síntoma de populismo.

A estas facetas políticas y económicas del populismo, se le puede agregar la consideración de un populismo cultural, sostenido por Jim McGuigan, que sería aquel que privilegia la cultura popular por sobre otras formas de cultura seria.

"Populismo" muestra una debilidad conceptual que agrupa a nociones antiguas, como demagogia y otras menos sofisticadas como autoritarismo, nacionalismo o hasta vulgaridad. Por eso, populismo es un término que mete en la misma bolsa cosas que no pertenecen a un mismo conjunto y que impide comparar cosas comparables.

Cómo agrupar bajo ese rubro, por ejemplo, a los gobiernos sudamericanos de la UNASUR con leyes benignas y complacientes para con la inmigración, con la xenofobia y racista de la derecha euroescéptica?

IV. La legitimación del populismo

Gino Germani fue el gran teórico del populismo y de sus instituciones en la década de los 50. Sin embargo, fue Ernesto Laclau quien legitimó el término populismo con connotaciones positivas, superando las formas peyorativas bajo las que era considerado. Tanto Laclau como Chantal Mouffe, su esposa y teórica del populismo, contemplan a la sociedad como una pluralidad de antagonismos que requieren de una articulación, ya que es improbable que sin esa articulación las corrientes populares confluyan naturalmente en una opción única contra la ideología del bloque dominante. De allí, la necesidad de esta articulación, mediante un discurso y una acción que permita unificar las demandas diversas, generando "un pueblo".

Un pueblo que no es preexistente al discurso, sino que es, precisamente, producto de ese discurso.

La articulación de un pueblo en oposición al bloque determinante es fundamental, bajo esa óptica, para la radicalización de la democracia. A partir de esa interpretación, "populismo" pasa a tener una imagen positiva: esa nueva interpretación de los medios de masa pasa a ser una expresión, un tanto desprolija y tumultuosa, de múltiples reinvindicaciones.

V. Las características del populismo

Una descripción de los movimientos populistas incluye una larga enumeración de un conjunto de características de las diversas manifestaciones. Sin embargo, resulta casi imposible definirlos de manera certera, porque el concepto abarca manifestaciones del pasado y de la actualidad, con diferencias notorias, y de las actuales entre sí.

Entre las características enumeradas se enuncian:

• Es independiente de la ideología. Esto no quiere decir que no tenga un fuerte componente ideológico, sino que el contenido ideológico puede varias de una forma a otra.

- Es confrontativo: se basa en la lógica amigo/enemigo, por lo cual siempre necesita una identidad propia y la conformación de un enemigo interno o externo
- Ejerce el poder en forma autoritaria
- Suelen ser nacionalistas
- Hacen un uso instrumental de la ley
- Son fundacionales y hacen un uso partidario de la historia reciente
- Actitud antisistema y confrontación con el sistema vigente
- Forma plebiscitaria de gobierno
- Visión económica de corto plazo.
- Enfrentamiento con la prensa

Algunas de estas características se presentan frecuentemente, pero suele suceder que otras son más inusuales. Lo importante sería encontrar aquellas que permitan definir al populismo, lo cual parece casi imposible.

Husserl, creador de la fenomenología, define a ciertas condiciones o caracteres como esenciales. Se trata de retirar una a una esas condiciones. Cuando al eliminar una de ellas, la cosa deja de ser lo que era, Husserl considera a esa condición como esencial.

Ese proceso se dificulta en este caso, porque no todas las manifestaciones comparten todas estas características, sino que presentan solo alguna de ellas. Por parte, existe el riesgo de caer en una petición de principio, falacia que se presenta cuando la proposición a ser probada se incluye —implícita o explícitamente— entre las premisas.

Esto es lo que hace casi imposible determinar el concepto de populismo.

A los casos más típicos que se dan en América Latina, el populismo se extiende al mundo desarrollado, e incluiría a gobiernos europeos como Polonia, Italia, Hungría, Grecia, o Erdogan en Turquía y Duterte en Filipinas. Pero también serían populistas movimientos que no han llegado al gobierno, pero que muestran cifras alarmantes de adhesión, como ocurre en Alemania y Francia, entre otros, a lo cual debe agregarse el problema y debate sobre el Brexit en el Reino Unido.

A pesar de esta dificultad, tres de las características mencionadas son comunes a las diversas formas llamadas "populistas". Son la confrontación con el sistema vigente, la visión económica de corto plazo y la forma plebiscitaria de gobierno que promueve la democracia directa.

La confrontación con el sistema vigente aparece como generalizada, aunque en muchos casos, se encuentra atenuada. Lo sorpresivo es lo común que se ha hecho en estos tiempos: según el *Development World Index,* si nos atenemos a esta manifestación antisistema, en 2010, cerca del 40% del mundo estaría muy próximo al populismo.

La oposición al sistema vigente o la condición de antisistema está casi siempre presente, situación que también se daba en casos anteriores de populismos. Esta disconformidad parece una constante en los tiempos actuales. En un libro reciente, *The People vs Democracy*, Yascha Mounk resume sus trabajos previos sobre la posible desconsolidación de la democracia y la disconformidad generalizada hacia las gestiones de los gobiernos. Con una gran cantidad de información surgida de encuestas a nivel global.

Mounk describe la actitud del votante respecto al sistema de gobierno.

En una encuesta sobre 26 países, a la pregunta sobre *"si, en términos generales, los políticos de su gobierno van en la dirección correcta o no"*, un 63% se manifiesta en forma negativa

Populismo y democracia

Enrique Peruzzotti considera al populismo como un corolario natural del crecimiento de la democracia y la vincula con la tercera ola democrática, desarrollada a partir de los 70 y descripta por Samuel Huntington.

No es extraño, afirma, que el populismo afectara mayoritariamente a las dos regiones en las que el proceso de democratización ha mostrado mayor fuerza: América y Europa.

Esta interpretación del populismo como una alternativa democrática es esencial para entender cabalmente lo que está en discusión.

El nombre democracia implica una estructura de gobierno, donde las decisiones son tomadas directa o indirectamente por el pueblo, una concepción de la política en la cual la legitimidad del poder viene del pueblo.

Sobre esa base se adoptó la Constitución de los EEUU y los constituyentes advirtieron, sobre la base del pensamiento de Locke, que la garantía de la libertad requería poner límites al gobierno. Esta concepción, reflejada en la constitución, se conoce como una democracia representativa, liberal, por considerar a la libertad como esencial.

Excepto pocos casos, los gobiernos han sido elegidos por votación popular. Todas las teorías han terminado por coincidir en que la base misma de la legitimidad de la soberanía popular, afirmación que no tiene casi desafío

Sin embargo, se presentan dos formatos o regímenes claramente diferenciados que se proclaman "democracias". Algunos países responden a la democracia "representativa", liberal, mientras que otros responden a una democracia "directa" o participativa.

El populismo no reniega de la democracia: por el contrario, alega ser una forma de democracia más auténtica que radicaliza la intervención y participación popular.

La caída del muro de Berlín, la desaparición de la URSS, el surgimiento de las nuevas democracias en Europa parecían señalar que la democracia se imponía en los hechos y parecía que la democracia era la única forma legítima de gobierno. Como decía Linz, *the only game in town.*

Esa actitud se vio comprometida con los cambios producidos en el último cuarto del siglo pasado y las dos décadas del siglo XXI. Las dificultades y las crisis acentuaron la disconformidad con los gobiernos, incapaces de superar las crisis y terminar las incertidumbres presentes.

La sensación generalizada de certidumbre y esperanza de los 70 se desvaneció. Un elemento que parece ser compartido es el descrédito de la política y un malestar creciente, entre cuyas causas se encuentran:

- Asimilación de los grupos migratorios
- El futuro del trabajo
- El avance tecnológico
- El aumento de la desigualdad
- Inseguridad ante el cambio económico

A pesar de los avances sobre la reducción global de la pobreza y las mejores en cuanto a las condiciones de vida en el mundo, estas causas fueron suficientes para crear un enorme umbral de incertidumbre, especialmente en lo que concierne al futuro del trabajo, el cambio económico debido, no a la globalización como se invoca, sino en realidad al avance tecnológico, que cambian totalmente las condiciones a las que estábamos acostumbrados.

La velocidad del cambio tecnológico nos plantea un cambio exponencial de la economía cuyo futuro es imposible de prever y que genera una sensación de incertidumbre. Todos los cambios tecnológicos pasados mostraban un desarrollo temporal que permitía la adecuación de la mano de obra. La velocidad actual de ese cambio hace casi imposible esa posibilidad, a lo que se agregan las dificultades propias del sistema educativo para adaptarse a las nuevas circunstancias.

Esto aparece como una enorme falla en la conducción económica y en la inhabilidad de los líderes políticos para restablecer algún tipo de certidumbre o seguridad. La lucha económica y el desempleo persisten y los grupos y las regiones que no han podido restablecer la confianza perdida alentaron el surgimiento populista que afecta ahora también a los EEUU y Europa.

El populismo se presenta como una renovación política que cuestiona los postulados de la democracia liberal, en entredicho por la falta de resultados de algunas sociedades en conflicto.

Los populistas se nutren de las críticas a la clase política y enfatizan que todo lo hecho por el gobierno de la democracia liberal es malo y que ellos pueden hacer los grandes cambios, contra la falta de capacidad política del gobierno, lo que adoptan como un elemento de su legitimidad.

El populismo se presenta como una renovación política que cuestiona a los postulados de la democracia liberal, entredicho por la falta de soluciones a los problemas. Se presenta mayoritariamente como un problema acerca de como comprender a la democracia y ofrece una alternativa a la concepción liberal, a la que denuncia como elitista y opresora de las mayorías.

Para quienes analizan el populismo como una forma de democracia, la pregunta es si las manifestaciones populistas están afectando a la democracia liberal, o por el contrario, son respuestas a sus falencias, ya que se constatan las graves dificultades que enfrenta.

Constitución y democracia

La piedra de toque de la diferencia entre la democracia representativo y la democracia directa, es el rol de la constitución. Para los partidarios de la constitución, la democracia directa es un peligro, y para los populistas, la constitución es un estorbo, ya que las instituciones que establecen —particularmente, la separación de los poderes, la independencia del poder judicial y las garantías de la propiedad de la libertad de expresión—, son instrumentos de las elites para dominar a las mayorías.

Particularmente reniegan de los llamados poderes constituyentes derivados o constituidos; es decir aquellos a los que la misma constitución autoriza a modificarla. Para el populismo —tomado como equivalente a democracia directa— el único poder válido es el constituyente originario, que no tiene limitaciones para modificar o dictar una constitución. Su premisa es que "la constitución no puede ser un límite a la voluntad popular". Por supuesto, la gran falencia de esta tesis es como articular el ejercicio de ese poder constituyente originario.

Queda claro que ambas formas de democracia requieren para su legitimidad, de elecciones populares. Dentro de esa misma teoría a la que llamamos "democracia" y que parte del concepto de un gobierno elegido por los ciudadanos, la discusión se traslada a la forma en que el gobierno se ejerce, ya que la democracia liberal requiere mucho más que la mera elección popular.

Actualizada de esta forma la discusión, ha mutado el contexto en el cual insertarla. Esta diferencia conceptual, clave para entender los conceptos de democracia, estriba entonces en los que colocan el poder en manos de la mayoría sin más (ejercida directamente o por delegación del caudillo que la representa, enfrentados a los que consideran que ese poder debe estar limitado en aras de salvaguardar la libertad individual.

En el fondo, a lo largo de la historia, pueden encontrarse versiones diferentes de este tipo de enfrentamiento bajo diferentes antinomias: lo individual contra lo colectivo; la libertad contra la igualdad, el universalismo contra el comunitarismo, entre otros.

Qué categoría de análisis permitiría establecer una comparación entre ambos sistemas, que supere la posible ambigüedad terminológica de la palabra "democracia"?

Hace unos 25 años, la antropóloga Mary Douglas propuso una tipología propuesta desde una visión cultural, complementada por Michael Thompson y Steve Rayner[1]. Posteriormente fue utilizada por Aaron Wildavsky y Richard Ellis para aplicarla y analizar el fenómeno político[2]. Originalmente destinada a analizar conductas sociales frente a situaciones de riesgo y competir con la *rational choice*, su desarrollo a partir de entonces permite presentarla hoy como un aporte a una teoría general de la política.

Conocida como *Cultural Theory* (en mayúscula, para no confundir con *cultural theory*), la CT considera que la cultura y las instituciones no son conceptos excluyentes o competitivos. Por el contrario, las instituciones son percibidas como manifestaciones de las relaciones sociales y políticas, las cuales son un aspecto de la cultura política. Una de las áreas a la que fue aplicada fue a estudiar las bases culturales del populismo.

La CT describe la existencia de dos tipos de sociedades: las que se gobiernan por consenso y las que se manejan por mayorías. Las instituciones de consenso dispersan el poder entre diferentes grupos, mientras las sociedades "mayoritarias" lo concentran en instituciones centralizadas basadas en mayorías electorales. Estos dos tipos de sociedades corresponderían a la misma distinción que se observa entre el constitucionalismo liberal, asimilable a la cultura del consenso, y el nuevo constitucionalismo latinoamericano, donde la mayoría lo es todo.

El populismo, tal como lo concibe Laclau, se basa en una hipótesis de conflicto, necesaria para enfrentar a dife-

---

1. Mary Douglas. *Four cultures: The Evolution of a Parsimonious Model.* 1999; Steve Rayner.*Cultural Theory and Risk Analysis.* 1992; Michael Thompson. *Cultural Theory.* 1990

2. Richard Ellis and Aaron Wildavsky. *Cultural Theory.* 1990

rentes minorías insatisfechas con un enemigo a crear. Una sociedad de mayorías se asimila así, una sociedad basada en la teoría del conflicto.

Como base de conducta social, el consenso ha sido casi excluyente en la historia, hasta el siglo XVIII, en que aparece la tradición revolucionaria. A partir de la segunda mitad del siglo XIX, el conflicto como hipótesis gana terreno frente al consenso, puesto que éste requiere la eliminación previa de las desigualdades.

El concepto de cultura es esencial al consenso, si consideramos a la cultura como el conjunto de valores y creencias que la sociedad ha aceptado como elementos comunes, lo que lo conecta con el sistema de constitucionalismo democrático al que hemos hecho referencia. Por su parte, la teoría del conflicto es parte del sistema opuesto que sostiene que el enfoque cultural es propio de las clases dominantes, coincidiendo con Gramsci, y por lo tanto inaceptable para la mayoría.

Para que la cultura se transforme en consenso, tiene que haber sobrevivido a largos períodos de predominio, hecho que la teoría del conflicto no alcanza a explicar suficientemente.

AMÉRICA LATINA, 17 AÑOS DESPUÉS DEL 11 DE SEPTIEMBRE DEL 2001

Carlos Sánchez Berzaín

Dos hechos históricos que han marcado el siglo XXI sucedían el 11 de septiembre de 2001: los *atentados terroristas contra Estados Unidos* por la red Al Qaeda (9/11) y la *suscripción de la Carta Democrática Interamericana* (CDI) por los Estados miembros de la Organización de Estados Americanos (OEA) en Lima, Perú. Los atentados terroristas y la reacción a estos, produjeron cambios dramáticos en el mundo y la CDI institucionalizó la democracia en las Américas. Después de 17 años *el desafío es revertir los negativos efectos del 9/11 y terminar las dictaduras.*

El 9/11 (u 11-S) contra los EEUU, fueron cuatro ataques terroristas suicidas cometidos por 19 miembros de la red yihadista Al Qaeda mediante el secuestro de aviones comerciales impactados contra las Torres Gemelas de Nueva York y el Pentágono, siendo frustrado el objetivo del Capitolio. Ese día causaron 3016 muertos y más de 6000 heridos, dando lugar a la política global de la "guerra contra el terrorismo", a la guerra de Afganistán y la guerra de Irak. Cambiaron el mundo, desde la forma de abordar un vuelo comercial hasta el desarrollo tecnológico para prevenir este tipo de hechos criminales.

En Lima, Perú se firmaba la Carta Democrática Interamericana en un acto histórico que quedó casi ignorado por la gravedad de los atentados 9/11. El Secretario de Estado Colin Powell dejó la Carta firmada antes del acto y retornó apresuradamente a su país. La CDI es el resultado del periodo más estable de democracia en la región y cuando se firmó existía solo una dictadura en las Américas, la castrista de Cuba. La CDI establece que "los pueblos de América tienen derecho a la democracia y sus gobiernos la obligación de promoverla y defenderla", y establece los "elementos esenciales de la democracia", entre otras normas instituidas como obligatorias.

La concentración de EEUU en la guerra contra el terrorismo y en las guerras de Afganistán e Irak trajeron como consecuencia su progresivo retiro estratégico de América Latina y la ausencia de una política exterior consistente para la región. Con la llegada de Hugo Chávez al poder en Venezuela y su inmediato acuerdo con Fidel Castro, se había puesto en marcha desde enero de 1999 el proceso de estabilización y salvataje de la dictadura de Cuba y la recreación —al principio subrepticia— de la fracasada expansión de la revolución cubana en las Américas como "proyecto bolivariano". Estos hechos políticos fueron ignorados, soslayados o minimizados.

Mientras EEUU se retiraba en sus programas de cooperación, apoyo a la democracia, fortalecimiento judicial, lucha contra la corrupción e incluso antinarcóticos y menguaban sus ya frágiles medios de coordinación en materia militar, inteligencia y lucha contra el crimen, en

América Latina se repartían dineros y recursos a raudales por Hugo Chávez, que con golpes de estado, corrupción, populismo y disfraz de democracia expandía su proyecto "Alba" o bolivariano, "socialismo del siglo XXI", hoy "castrochavismo".

Demasiados "expertos latinoamericanistas" estatales y académicos de EEUU y del mundo se creyeron y respaldaron el discurso de "crecimiento democrático y de justicia social" en la expansión de la alianza Chávez-Castro, cuando lo que en verdad sucedía —como lo demuestran hoy los resultados— era la construcción de regímenes dictatoriales violadores de la libertad y los derechos humanos, narco estados justificados en la lucha antiimperialista y "regímenes de crimen organizado" que controlan Cuba, Venezuela, Nicaragua y Bolivia, dejaron el gobierno pero no el poder en Argentina, Brasil y amenazan a las democracias.

La revisión de lo que va del siglo XXI en la región ofrece como realidad objetiva un gravísimo retroceso en democracia, derechos humanos y libertad como resultado de la exitosa expansión de las "dictaduras del socialismo del siglo XX" o castrochavistas que han dado lugar a presos políticos, exiliados políticos, manipulación de la justicia, torturas y asesinatos, masacres, migraciones forzadas, narcoestados, crisis económicas y crisis humanitaria. Cuatro cubas castristas en lugar de una. Si tomamos como referencia el 11 de septiembre de 2001 constataremos que 17 años más tarde los problemas son más graves, las amenazas más concretas y la confrontación real.

La esperanza está en la lucha de los pueblos de Cuba, Venezuela, Nicaragua y Bolivia por rescatar su libertad y democracia, la acción decidida de gobiernos democráticos por su propia seguridad y la aplicación de la nueva política exterior de los EEUU que retorna a la defensa de sus principios y valores que además coinciden con sus intereses en la región.

Sobre ideas y creencias: un tributo a Paz y a Ortega y Gasset

Beatrice E. Rangel

Nicolas Pauccar, líder de la nación Q'ero señaló que el más grave problema que tiene nuestro mundo y, desde luego, nuestra civilización es la ausencia de equilibrio. Hemos perdido el equilibrio entre los seres humanos y la naturaleza; entre los recursos y los planes; entre las capacidades y las aspiraciones y lo peor *entre el saber y el creer*.

Según el Sr Pauccar el ser humano está compuesto de tres cuerpos:

Físico 70% H2O y 30% químicos;

Energía 70% oxigeno; 30% calor

Espíritu 70% movimiento y 30% sonido

Cuando el equilibrio se pierde entre estas proporciones sobrevienen las enfermedades. Y es por lo que nuestro planeta está enfermo y nuestras sociedades —en particular las de este rincón del mundo que llamamos América— están enfermas.

Sin saberlo, Nicolas Pauccar completa el trio de pensadores preocupados por la pérdida de los equilibrios en nuestro continente. Los otros fueron Octavio Paz y José Ortega y Gasset.

Tanto para Nicolas Pauccar como para Octavio Paz el proceso de sanación comienza con la reconciliación interna o el restablecimiento de los equilibrios del yo. Y sanar significa examinar o buscar que es lo que funciona mal. Pero en nuestra cultura nos advierte Octavio Paz hay demasiados atajos que nos impiden ver la realidad. "Lo que llamamos búsqueda es un proceso complejo y engañoso porque nosotros somos cómplices de nuestros errores y equivocaciones". En consecuencia, tendemos a crear caleidoscopios para encubrir esos errores y esas equivocaciones.

Y esto tiene que ver con el proceso de formación de las naciones latinoamericanas. Los Estados Unidos nacieron modernos porque desde su creación fueron una sociedad en la que impero la libertad. La libertad llevo a la sociedad estadounidense a crear riqueza de una manera rápida y equilibrada. Esto convierte a Estados Unidos primero en el granero del mundo; luego en la fábrica del universo y más recientemente en el creador de una nueva dimensión productiva: la de la economía digital De hecho Octavio Paz define a Estados Unidos como el vientre de la modernidad para 1830. Latino América, por el contrario, nació de una invasión por parte de dos potencias medievales que apenas se estaban sacudiendo el oscurantismo en contraste con una Europa que protagonizaba el renacimiento. España y Portugal, por lo tanto, se trasladan a América con celo controlador. Se trataba de extraer la máxima riqueza en el menor tiempo posible y ello demandaba la supresión de la libertad y el aniquilamiento de las culturas locales. La conducta hacia la nación Q'ero es prueba del primitivismo cultural de nuestros antepasados Ibéricos. La superposición a sangre y fuego de una cultura ajena a un medio ambiente sin considerar los méritos de las civilizaciones locales llevo al exterminio de la cultura local, a graves distorsiones económicas y a la muerte de la población americana autóctona. Como consecuencia ,se concreta, a gran escala, la primera oleada de anonimia cívica que conduce a la confusión política y retraso económico. América Latina para 1830 estaba ahogada en la sangre de guerras civiles y la inestabilidad de las alzadas.

Nuestra partida de nacimiento ha definido nuestro trasegar por la vida. Nacimos como plataformas de extracción de renta nunca nos constituimos en comunidad para la creación de riqueza. Así nuestras instituciones están diseñadas para crear clientelismo y para controlar el cuerpo social no para promover el espíritu emprendedor y mucho menos para competir.

El proceso de independencia lejos de solventar esta malformación la agudiza al colocar sobre esas bases elementos libertarios que caracterizaban la modernidad que Estados Unidos promovía. Es decir, se decoraron las fundaciones antihistóricas con ornamentos del pensamiento libertario y de la iluminación. Y desde luego, esos esfuerzos solo han servido para coartar las libertades individuales e impedir el desarrollo. Porque seguimos atrapados en un marco institucional que actúa como chaqueta de fuerza a la libertad.

Peor aún, la sobreposición de andamiajes institucionales incompatibles con el diseño corporativista como la separación de poderes y él nos ha llevado a confundir ideas con creencias y a darle a las segundas la significación de las primeras.

En palabras de José Ortega y Gasset

Las ideas son producto de nuestra ocupación intelectual. Son complejas construcciones que implican esfuerzo y creatividad. Son construcciones que buscan soluciones a dilemas conceptuales o prácticos. Las creencias se presentan con el carácter opuesto no llegamos a ellas tras un afán de entendimiento, sino que operan en nuestro fondo sembradas por otros. Por eso no solemos formularlas, sino que nos contentamos con aludir a ellas.

Las ideas por lo tanto son harto peligrosas para el corporativismo mercantilista que está en la génesis Latino Americana. Se opta entonces por diseminar creencias que no requieren de un pensamiento crítico y mucho menos de la competencia intelectual. Transitamos así por insólito laberinto donde la pobreza y la ignorancia de los muchos es el sustento de las elites. Latino América es la sociedad de los desequilibrios. Hay desequilibrios culturales; educativos; económicos y políticos. Esto se puede ver con trágica claridad en la situación de Venezuela donde diariamente desfilan por las pantallas de la TV mundial rostros famélicos, cadáveres de niños muertos de hambre; pacientes que se suicidan tirándose desde las ventanas de los hospitales y un rio de gente saliendo del país hacia donde sea en América. Estas imágenes conmueven al mundo, pero no así a las elites de Venezuela cuyos representantes sean del gobierno o de la oposición observan la tragedia impasiblemente sin intentar resolverla. El problema reside en ese caso en que hay una ruptura entre el *creo* y el *sé*. Para las elites el sufrimiento del pueblo se cree necesario. Pero no necesariamente porque sepan que es necesario para alcanzar algún objetivo. Y como este hay miles de pasajes históricos en América Latina donde el *creo* se impone al *sé* para desgracia de millones de sus habitantes.

Romper este desequilibrio plantea múltiples dilemas. El primero y más trascendental es ¿qué somos? ¿de dónde venimos? y ¿a dónde vamos? La respuesta dada por Darwin a la humanidad es producto del saber no del creer. Es la observación rigurosa del medio ambiente, sus elementos constitutivos y la interacción entre ellos y el tiempo que pudo dar una respuesta a nuestra procedencia y nuestro destino.

La democracia por suerte nos permitirá —cuando realmente exista en Latino América— dar respuesta a la interrogante de quiénes somos y hacia dónde vamos. Porque es el único sistema que es garante de la libertad. Así nos permite evolucionar y nutrir a las instituciones con las contribuciones de la modernidad.

El fomento de las propiedades evolutivas de la democracia fluye por manantiales distintos a los que estamos abrevando en América Latina. La evolución viene de los equilibrios y estos de la constante interacción de fuerzas con frecuencia opuestas que pujan por avanzar. Estados Unidos ha construido un sistema evolutivo porque su democracia siempre busca el equilibrio. Desde el ciudadano que le habla fuerte al poder hasta el empresario que aspira a llegar al mayor número de hogares en el menor tiempo y al menor costo posible. Sus pares Latino Americano buscan "descremar mercados" vendiendo a minorías afluentes y provocando así desequilibrios en las mayorías pobres que intentan imitarlas. El verdadero ingreso de

América Latina en la modernidad por lo tanto demanda la restitución de los equilibrios

Y estos son:

En primer lugar, el equilibrio entre el *saber* y el *creer*.

Tenemos que saber construir instituciones capaces de servir a las mayorías en su formación; su educación y su entrenamiento;

Tenemos que lograr que las mayorías crean en esas instituciones y para ello es esencial abrirle los caminos del liderazgo a los milenios que al ser nativos digitales están orientados hacia el logro; defienden causas amplias y ahorran recursos.

De nuevo cito a Don Octavio Paz

> Castoriadis ha demostrado plenamente que la democracia es una creación política genuina, es decir una totalidad de ideas, instituciones y prácticas que constituyen una valiosa creación colectiva.

Pretender que la democracia sea creación de elites es regresar al medievo donde solo perteneciendo a los famosos guildas se podía acceder al trabajo.

El segundo equilibrio que debemos reestablecer es el de nuestra identidad. Tenemos que abandonar ese complejo de segundones que nos aflora en presencia de Estados Unidos. Hay que asumir con valentía que somos hijos de un marco institucional equivocado y que estamos dispuestos a cambiarlo. La continua huida hacia pasajes oscuros de nuestra historia para escondernos de la luz americana es simplemente un intento por detener la marcha de la historia. Y esto no ha sido nunca posible.

Hay que aprender a competir con sus empresarios; a cooperar con sus hombres de ciencia y academia y a recibir a sus ciudadanos con fraternidad. Hay que abandonar ese cacareo sobre las supuestas virtudes de nuestro opulento pasado. Porque creer que si el pasado se hubiese podido proyectar de manera linear hasta el siglo XXI sin la intervención de Estados Unidos América Latina sería un emporio de modernidad es sencillamente engañarnos a nosotros mismos. Estados Unidos nada tuvo que ver con el proceso de formación de las instituciones que hoy niegan el arraigo democrático y mucho que ver con la transferencia de tecnologías que han permitido avances en nuestras latitudes. Jactarnos de la condición opulenta de las capitales imperiales de América Latina y burlarnos de la sencillez de las ciudades de Estados Unidos en los siglos XVI y XVII como apuntara Octavio Paz equivale a celebrar "el ocaso de una sociedad insustentable" mientras vemos con desdén "la aurora de la democracia". Es no comprender que Estados Unidos nació de la Reforma y la Ilustración mientras que América Latina nació de la Contra Reforma y el Neoescolasticismo y que debemos aprovechar el milagro de la sociedad digital para ajironarnos política y culturalmente.

También es necesario restituir los equilibrios ancestrales. Pero no como un ejercicio de retorno al pasado. De lo que se trata es de recobrar equilibrios que permitan que la humanidad se reencuentre. Y el restablecimiento de esos equilibrios comienza por la aceptación universal de que en América Latina todos son rehenes. Los pueblos originarios son rehenes de la Contrarreforma y el Neoescolasticismo que los empujo a la montaña en su propio territorio. El resto de los Latino Americanos son rehenes de instituciones creadas para extraer recursos y privarles de libertades. Por tanto, hay que comenzar por destruir mitos y el primero de ellos es que hay independencia. La independencia solo existe en la libertad. En América Latina expelimos los representantes de las potencias ocupadoras, pero dejamos intactas las instituciones por ellas construidas. Salvo Estados Unidos, las naciones de la rivera este del Océano Atlántico fallaron todas en el intento de modernizarse política, económica y culturalmente.

Mas recientemente durante la segunda mitad del siglo pasado la región intento nuevamente construir la democracia y continúa intentándolo. Esos intentos aun están vivos y es el deber de nuestra generación apoyarlos. Pero no para reforzar las instituciones del pasado sino para construir nuevas. La democracia en América Latina llegó tarde. Y ha sido objeto de mutilaciones y traiciones. Ha sido débil y poco firme. Ha caído presa de demagogos de la corrupción, del favoritismo y el nepotismo, pero ha producido la más grande ola creativa del continente en el ámbito de la literatura y las artes. El reto es mantener el esfuerzo para que esa creatividad invada los ámbitos de la economía y de la educación.

El primer paso en esa dirección es restablecer los equilibrios. El segundo paso es dejar de medirse por referencia externa y comenzar a medirnos por lo que hacemos por los nuestros. Venezuela, por ejemplo, no requiere hoy de más interpretaciones foráneas sino de que los venezolanos se unan detrás de un proyecto y permitan que ese proyecto salve de la muerte a los que hoy sufren la tortura masiva de un régimen realmente oprobioso y la mengua de quienes se le oponen. Llego el momento de definirnos individual y colectivamente por cuanto podemos aportar a los proyectos ajenos y cuantos proyectos propios vamos a concertar con el resto de la sociedad. Esto demanda la adopción de la generosidad de espíritu como regla de actuación y mandar los egos al ropero para que no impidan la construcción conjunta.

Elementos para una teoría normativa de la democracia

Asdrúbal Aguiar

"El problema de la época actual no es la falta de reconocimiento retórico de fórmulas de legitimación democrática sino la confusión de sus postulados". Eso dicen Ulrich Rödel y sus colegas alemanes en el emblemático estudio que titulan *La cuestión democrática*, editado en Madrid en 1997. Es esta la premisa de mi exposición.

A la caída del Muro de Berlín, en los países en los que cede la experiencia del socialismo real, se habla del tránsito hacia la democracia nueva. Surge la llamada "transitología" —dentro de la jerga anglosajona— como disciplina encargada de estudiar las relaciones o sincronías que deben darse entre las sociedades civiles de la Europa oriental y sus predisposiciones mayores o menores a la democratización. En el mundo Occidental, a su vez, una parte de la prédica intelectual se empeña en celebrar lo que para ella es un dato de validez empírica, a saber, la victoria de la democracia a secas o liberal por sobre su caricatura, la "democracia popular", plebiscitaria, populista, mientras que otra parte busca demostrar y hasta probar como realidad colectiva o social emergente, sobre todo en Hispanoamérica, el llamado "desencanto democrático".

¿Se trata, acaso de una apuesta —esto me lo pregunto en mi más reciente libro sobre el tema y en edición— o, mejor es un planteamiento que, de entrada, no descarta, sino que obliga a poner sobre la mesa de la crítica abierta el dogma de las formas y contenidos de la democracia, tal y como se las entiende a lo largo de la modernidad?

La Declaración de Santiago de Chile de 1959, predecesora de la actual Carta Democrática Interamericana de 2001, cuando a la sazón es creada la Comisión Interamericana de Derechos Humanos, dispone sobre los estándares o principios de toda democracia los siguientes:

1. El imperio de la ley, la separación de poderes públicos y el control jurisdiccional de la legalidad de los actos de gobierno.
2. Gobiernos surgidos de elecciones libres.
3. Proscripción de la perpetuación en el poder o de su ejercicio sin plazo.
4. Régimen de libertad individual y de justicia social fundado en el respeto a los derechos humanos.
5. Protección judicial efectiva de los derechos humanos.
6. Prohibición de la proscripción política sistemática.
7. Libertad de prensa, radio y televisión, y de información y expresión.
8. Desarrollo económico y condiciones justas y humanas de vida para el pueblo.

De modo que, cabe, en lo inmediato, una primera conclusión. La versión procedimental de la democracia, que la reduce a lo electoral y al fenómeno de la decisión por las mayorías, es, entre nosotros los americanos, una antigualla desde el punto de vista normativo.

Más allá del debate sobre los enunciados estándares, los redactores de la Carta Democrática vigente, observando que llegado el siglo actual la dicotomía entre los gobiernos militares y los civiles de elección popular se ve desplazada por otra más peligrosa, sinuosa, a saber, la de gobernantes electos mediante el voto democrático quienes luego, en sus ejercicios y sin que encuentren mayores resistencias sociales, prosternan la experiencia de la democracia y ponen de lado la mediación de sus instituciones, se deciden por una estrategia promotora, defensiva y renovadora de los estándares de la democracia representativa.

Le hacen espacio, es cierto, a la idea novedosa de la participación ciudadana —con vistas a fortalecer la misma representatividad política y para canalizar la beligerancia social que toma cuerpo sobre el puente entre los dos siglos actuales. Se cuidan de impedir el intento del gobierno de Venezuela, eje actual del neopopulismo totalitario y en boga, para que dicha exigencia —la denominada democracia participativa, evocativa de la "democracia directa"— desplace a la democracia representativa y su teleología.

El Programa de las Naciones Unidas para el Desarrollo (*La democracia en América Latina*, 2004), no obstante, sostiene el agotamiento del modelo democrático representativo señalado y coincide con la idea socialmente reclamada de la "calidad de la democracia". La entiende como expansión de los derechos que trasponen los límites de la ciudadanía y afirman lo social, o la "ciudadanía social" para reducir desigualdades e inequidades, y al término propone como tesis la vuelta a la centralidad y fortalecimiento del Estado. Le sigue considerando como el único garante capaz de asegurar los derechos humanos y sus "nuevas generaciones". Apuntala, pues, en parte, la versión crítica de la democracia del Foro de Sao Paolo, que se oculta hábilmente bajo el paraguas del PNUD para su despropósito antidemocrático.

Cabrá investigar, entonces, como ejercicio, fuera de los predicados de la Carta Democrática o de lo indicado en línea distinta por el PNUD, sobre dos aspectos esenciales:

(1) Si el mito de la estatalidad o el culto de su poder por sobre la persona y el ciudadano representan o no un resabio inamovible de la cultura política hispanoamericana y para su concepción y reinvención de la democracia; sobre todo vista la "desterritorialización" manifiesta de la política y de los actuales órdenes constitucionales de los Estados.

(2) Si la cuestión democrática se reduce o no a la confusión de sus postulados o, probablemente, como lo sostengo, a la inadecuación de éstos a las inéditas realidades de la civilización digital.

En síntesis y para sistematizar las críticas varias:

(a) Se afirma la *pérdida de legitimidad de la democracia representativa*, que algunos consideran teóricamente incompatible —el asunto viene de atrás, desde la

Revolución Francesa— con la misma noción de la democracia, por ser ella ejercicio de la soberanía popular; y que otros la aprecian, en su citada pérdida de legitimidad y de cara al mismo principio de unidad de la soberanía, como extraña a sociedades en violento deslave y desarticulación. Tanto es así que, hasta los partidos políticos se hacen indiferenciados. Se desatan de cosmovisiones, mutan en franquicias electorales —en la misma medida en que se multiplican exponencialmente los actores sociales y ocurre el manido desencanto general con la "política". Los últimos, a su vez, reclaman de sus derechos a la participación al margen de los profesionales de la política, no bastándoles como espacio el de la "democracia vigilada": la de la opinión pública o del ejercicio de la libertad de prensa como cuarto poder formal, moderador de la idea inevitable de la representación, que postula la especialidad de la actividad política y la imposibilidad material del gobierno asambleario.

(b) También se sostiene, *pari passu*, que *las tendencias hacia la desarticulación de la sociedad civil y en rechazo a la totalización normativa o simbólica o universal de su realidad*, procuran, en sus nuevos modos de hacerse presente en la vida política, el pluralismo democrático. Pero, en verdad, la multiplicación exponencial de los derechos civiles y políticos como económicos y sociales que ocurre hoy en el constitucionalismo de Occidente paradojalmente auspicia comportamientos neodictatoriales.

Es el caso, en un extremo del tablero, de los *millenials* o internautas, individuos selectivos en sus relaciones dentro del mundo digital y excluyentes de todo aquél a quien consideran molesto. Si no comparten sus ideas o les resultan inútiles, los bloquean. Y en el otro extremo están los miembros de los exclusivos e igualmente excluyentes nichos sociales o cavernas primarias que parcelan a la ciudadanía y reclaman sus derechos a la diferencia: Ambientalistas, indigenistas, movimientos de género, neoreligiosos, comunitarios, causahabientes del fenecido Estado territorial, que no se reconocen en "los otros" ni los toleran.

(c) Se especula, así mismo, que en uno y otro plano de los anteriores, un fenómeno que se revela coetáneo a la misma globalización de las comunicaciones y la presencia masiva en sus espacios públicos múltiples de las realidades sociales hasta ahora enclaustradas en los Estados unitarios, es *la emergencia del periodismo subterráneo o de redes*; crítico e irreverente, expresivo de lo que ahora se califica como "políticamente correcto" a la vez que instantáneo, pero incapaz o inhabilitado para contrastar o verificar datos e informaciones, y como tal propiciador de una democracia self-service, de "usa-y-tira", mejor ganada para el voluntarismo político unilateral y el narcisismo de los ahora ex ciudadanos.

(d) Se debate, en igual orden, sobre *el señalado desencanto con la democracia* — obviamente la orgánica y formal, sea en su versión liberal ortodoxa, sea la ahora llamada "progresista" — entre otras razones por la falencia que acusa el Estado en su vocación asistencialista y al revelarse impotente para contener y dar respuesta a las novedosas demandas exponenciales procuradas por la citada inflación contemporánea de los derechos humanos. Se trata de la multiplicación de las señaladas expresiones sociales "desterritorializadas" y del efecto demostración-consumo que auspicia la misma globalización comunicacional, generadora de conglomerados ávidos y conductualmente insatisfechos.

(e) Se aprecia, en fin y como consecuencia, en medio de la disolución social corriente y sobre el defecto del Estado para responder a la inflación coetánea de derechos constitucionalmente protegibles, *el advenimiento de una suerte de "democracia iliberal" o de neocesarismo populista*; capaz, por ende y por vocación, de reconcentrar la gestión de la república en manos de líderes carismáticos y populares, realizadores de una democracia sin libertades —salvo en sus nominalismos crecientes— y ajena, según lo antes indicado, a las mediaciones institucionales. Es lo que algunos autores califican como era postdemocrática.

Volvamos, entonces, sobre los estándares de la democracia, a fin de mejor comprender la sistematización de críticas o datos empíricos anterior, y resolver sobre la hipótesis de sus confusiones.

En una rápida mirada de los elementos esenciales de la democracia constantes en la Carta Democrática, que son cinco sin contar a sus componentes fundamentales, como la transparencia o la rendición de cuentas, se aprecia que los primeros se encuentran trastornados en sus núcleos y contenidos, sin mengua de los reiterados respaldos doctrinales y normativos que reciben por parte de la Corte Interamericana de Derechos Humanos.

(1) *El respeto de los derechos humanos*, cuya universalidad y núcleos pétreos como sus desarrollos progresivos han de ser reconocidos y garantizados por el Estado, una vez como éstos son particularizados socialmente y multiplicados exponencialmente hasta procurar o ser la consecuencia de la invertebración social y la expresión de un derecho emergente a la diferencia, pierde su fundamento original, a saber, que los derechos humanos nacen y se explican en la idea de la naturaleza humana compartida —todos los derechos para todas las personas— y por el ser el hombre, varón o mujer, lo que es, un hombre.

(2) *El acceso al poder y su ejercicio conforme al Estado de Derecho*, se desfigura tras una tendencia que, a la luz de lo anterior, es decir, la invertebración social y la inflación de derechos "socialmente particularizados", hace ahora de las leyes un complejo andamiaje para sostener las diferencias; fomentándose así la inseguridad jurídica al hacerse confusos los marcos de predictibilidad de la conducta de las personas en el ejercicio de sus respectivos derechos y, de suyo, cediendo el principio a cuyo tenor todos somos iguales en la ley, ante la ley y en la aplicación de la ley.

(3) *Las elecciones libres y justas* se encuentran debilitadas en su fuerza decisional y son desafiadas, sea por el núcleo de lo democráticamente indecidible por las mayorías, sea, sobre todo, por quienes, alegando la primacía del Bien Común, relativizan las

manifestaciones de la soberanía popular; o, por virtud del mismo acto electoral, que al ser tecnológicamente inextricable y sujeto para su lectura a aristocracias digitales, dejan de ser controladas por sus propios titulares, los votantes y los elegidos; tanto como al hacerse cotidianas y no periódicas, ellas, las elecciones, pierden su significación como instrumento de estabilidad y gobernabilidad democráticas a través de la crítica sosegada, y hasta entierran a la democracia.

(4) *El pluralismo partidario y democrático*, al ser palmaria la indiferenciación que acusan los partidos bajo presión de un poder social difuso que, como realidad inevitable, los transforma en meros mecanismos del mercado electoral; y al mostrarse políticamente huidizo el elector contemporáneo, se ve desfigurado dicho elemento vertebral de la democracia. Tanto que, el mismo pluralismo puede expresar ahora atomización política y social bajo el imperio de modalidades asociativas primarias que se resisten a compartir valores comunes constitucionalmente tutelados y se niegan a la otredad, fundamento de la naturaleza humana y de los derechos humanos que a ella se coligen.

(5) *La separación de poderes del Estado*, como garantía de los derechos, en fin, se ve condicionada por la presión de necesidades decisionales urgentes y consistentes con la velocidad digital de los cambios que se operan en las realidades sociales, económicas y políticas, en sus exigencias o antagonismos, sean globales o sean domésticos; y la independencia judicial

como el control constitucional de los actos del Estado, a la luz o por obra de todo lo anterior, sufre también y se debate entre lo ya señalado y el respeto a lo decidido por las mayorías o con vistas, antes bien, a la conciliación de intereses dentro de sociedades como las hispanoamericanas, cuyos tejidos se han roto y reclaman, si cabe decirlo, de un mínimo común constitucional que acote al pluralismo y la diversidad con vistas a la mencionada gobernabilidad en democracia.

Así las cosas, Esperanza Guisán (2000), quizás observando la explicada tendencia hacia la politización —en nombre de la antipolítica— de todos los actores sociales, y prosternando ella el argumento clásico de la división del trabajo que obliga a la representación de lo político, reclama, con ajustado tino, la falta de reflexión al respecto por parte de la ética y la filosofía más allá de los ámbitos en que los individuos llevan a cabo sus metas, libremente. Señala, en tal orden, el mal funcionamiento de la democracia que conocemos, por prudencial y por propiciar una existencia mediocre en ausencia de los sueños de perfección y utopía propios a lo humano; reclamando en su defecto de una práctica democrática moral profunda.

Se trata, pues, como lo pide desde la academia Francisco Plaza, de "recobrar el sentido integral de la democracia".

Casi transcurridas las dos primeras décadas del siglo XXI, quienes se convencen de la inviabilidad contemporánea del Estado asistencialista —tal y como lo entiende en su momento el Estado social y democrático de Derecho— y del agotamiento del Estado territorial como víctima de la inmediatez propia de la globalización, optan, antes bien, por una suerte de relativización de la democracia.

La fragmentación social y la subsiguiente inflación de derechos ocurren de modo manifiesto, en efecto, en los ámbitos constituyentes de quienes, como resurrectos del despotismo y/o socialismo real, auspician la tendencia neoautoritaria a cuyo tenor es más importante para la población su bienestar que la libertad; y de tal tendencia se contaminan, como se constata, hasta las democracias más serias de las Américas, incluida la de los Estados Unidos.

La breve experiencia transcurrida y constante en lo que va del siglo demuestra que se trata de un antimodelo o modelo posdemocrático, de corte fascista, que, por una parte, diluye el entramado institucional y lo pone al servicio de hombres o líderes providenciales quienes establecen una relación directa y paternal con el pueblo, auxiliados por el mismo tejido mediático de la globalización y, por la otra, sosteniéndose éstos bajo las formas mínimas de la democracia. Al efecto, en modo de hacer viables sus comportamientos antidemocráticos, desmantelan las leyes conocidas —garantistas de los derechos— y las sustituyen, según lo dicho, por un bosque o selva normativa tupida e impenetrable, expresión de perspectivas sociales ilimitadas y para todos los gustos, según lo "políticamente correcto". Es el campo fértil de la arbitrariedad judicial, como lo prueban las experiencias de Venezuela, Ecuador y Bolivia; pues se le permite a los jueces hacerle decir a la ley lo que no dice, para satisfacer reclamos sociales inverosímiles, dentro en una práctica sistemática de la mentira.

Bajo propulsión del relativismo ético y social en boga, como se aprecia en Europa y comenzamos a verlo en Hispanoamérica, la democracia liberal, además, cede bajo el tsunami de corrientes migratorias, no pocas de vocación fundamentalista, aceleradas por la misma globalización, por las crisis democráticas, y sin ánimos, aquéllas, de mixturarse dentro de los cánones culturales de la democracia que las recibe. Por lo mismo, contradiciéndose, ésta se ve obligada a la formulación de un "derecho penal del enemigo" para defenderse. Y ello hace resucitar el despotismo.

Bien lo previene, no se olvide, Hannah Arendt, al sostener que la democracia no se sostiene ni reinventa sino de cara y ante la presencia de su opuesto, el totalitarismo, cuyo riesgo ha de tenerse siempre presente; pues si las minorías han de participar con la libertad necesaria para hacerse mayorías en la democracia, nada garantiza que éstas, al término, se decidan por el final de la democracia.

Sobre las bases de lo explicado hasta aquí, queda como tarea pendiente, urgente e integradora, la construcción *ex novo* —es la tesis que propongo— de una teoría normativa y constitucional de la democracia, propia del siglo XXI; a menos que se la considere históricamente superada.

Acaso implica y ello parece evidente, la mutación de la democracia con relación a sus referentes históricos. Sólo podrá medirse su calidad sobre la base de las categorías que de aquella teoría normativa emerjan; a menos que se pretenda declarar la calidad democrática de realidades democráticas inexistentes y superadas, a la luz de los ejemplos señalados.

La descripción no sugiere, aun cuando algunos lo piensen, que la obra democratizadora sea orfebrería de utileros; de esos que apenas se ocupan de vestir a los actores, mover los andamios, preparar la escena para la representación de un drama o una tragedia, y luego cobrar por sus servicios.

Hablo aquí del teatro democrático —copiando la imagen de Whitehead— pues es la metáfora que mejor describe la lucha pendiente por la democracia y la libertad, en un continuo sin ataduras y de final abierto.

Un drama, una tragedia a ser representada requiere, primero que todo, de narrativa, de un texto consistente, susceptible de animar y rescatar al público; en lo particular al escéptico por la mala calidad de la obra democrática que denuncia, sin medir su agotamiento modélico.

Sólo el texto de una obra permite ordenar el reparto adecuado de los actores —en el caso de los actores de la democracia— para que, al margen de sus actuaciones respectivas, todos a uno logren armonía de conjunto y aseguren un desenlace a la trama. Y para que, al término, ganen todos con la satisfacción emocionada del auditorio que los mira, que también es partícipe central de la obra que convoca.

Esto importa entenderlo y mucho, sobre todo con vistas al final exitoso de toda transición democrática o democratizadora como la que se le plantea a nuestros países —en mi caso a Venezuela— de un modo agonal; y que habrá de concluir, así lo espero, con una formulación normativa renovada y/o distinta sobre la democracia.

En el caso de la democracia, la narrativa de su obra actual no es la misma que la de los griegos y tampoco la escrita al concluir la Segunda Gran Guerra del siglo XX.

Es una trama permanentemente conflictiva ahora, bajo debate constante según las inéditas coordenadas del tiempo actual. Pero ha de contar con un ancla que las fije en un punto no debatible —el respeto a la dignidad y naturaleza de la persona humana; misma ancla que ata al mundo después de 1945, y que le permita, como a toda nave anclada, moverse de un lado hacia el otro dentro del límite invariable de lo que es, según la poética y evocadora oración de Ovidio:

Cuando algunos huyen y abandonan mis velas sacudidas, tú permaneces como el ancla única de mi despedazada nave.

En otras palabras, las de Dworkin: "vivir bien significa bregar por crear una vida buena, pero solo sujeta a ciertas restricciones esenciales para la dignidad humana".

El público que observa desde la galería del teatro de la democracia puede captar en los actores de escena discursos distintos e inconexos, que pueden corresponder o no a los niveles distintos y las variantes de los diálogos planteados; más lo cierto es que, a lo largo de la obra y al término, no la pueden desconocer quienes ocupan las butacas del teatro y ya han pagado su abono con el sufrimiento o la expectativa. Luego del clímax de la obra, donde todo es aparente confusión, sucesivamente se han de resolver los conflictos entre los personajes de la trama.

La audiencia no puede ser olvidada por los actores —como si estuviesen en ensayo permanente— y ha de ser tenida presente, a riesgo de su decepción. La crítica, como ha de esperarse, jamás será complaciente. Hará correr ríos de tinta. Lo Dice bien Whitehead: "Si la democratización se considera esencialmente como una cuestión de pacto entre las élites ¿en dónde encontramos los elementos de la persuasión y simpatía pública necesarios para construir el entendimiento y apoyo ciudadanos más amplios que requiere el acuerdo alcanzado?

Toda transición democratizadora, en suma, carece de destino si en ella sólo priva la improvisación. Si falta el orden previo para las salidas a la escena será un desastre. Si cada actor, presa de su egolatría, incluso considerándose el mejor, no es fiel al conjunto de la narrativa que le da cobertura a la obra ni es capaz, con su actuación, de alimentar el apetito de la audiencia, de ganar su atención, de mover su adhesión emocional, al final, tampoco será capaz de entregar un culmen satisfactorio. La democracia, en suma, no es medianía, es hacer perpetua y expansiva la politización, celebrando sus conflictos y dirimiéndolos por vías pacíficas.

Al escribir *La democracia del siglo XXI y el final de los Estados* (2014), inspirado, debo decirlo, en el pensamiento del otrora Cardenal Arzobispo de Buenos Aires, Jorge Mario Bergoglio, en lo personal me pregunto aún sobre ¿cuál es la ruta? Lacónicamente, por comprender la complejidad de la cuestión democrática y quizás por atado intelectualmente a la ortodoxia renovada que vierto en mi *Digesto de la democracia*, o acaso por no tener una respuesta más precisa y realista a la mano o no atreverme a formularla, digo en abstracto que lo pertinente es:

"refundar los vínculos sociales, revitalizar la urdimbre de nuestra sociedad apelando a la ética de la solidaridad, tanto como buscar la unidad de la gente en la memoria de sus raíces, permitiéndole sostener su identidad en la diversidad necesaria del género humano. Ello a fin de hacer a la gente invulnerable a la lógica de la supervivencia o el manejo de tácticas de salvataje —el relativismo que intenta predominar— como dogmas de fe política para los unos y para los otros; tácticas que ahora dividen a los antiguos ciudadanos aún más, justamente, por falta o pérdida de lo esencial, es decir, de una narrativa o cosmovisión compartida posible que otra vez los amalgame, más allá de necesidades intestinas o profanas en el marco del teatro de la democracia".

A guisa de las reflexiones precedentes y como síntesis de todo lo dicho, cabe imaginar algunas postulaciones normativas mínimas y reconstructivas de la democracia, a saber:

a) La democracia como derecho humano colectivo

El primer artículo de la Carta Democrática Interamericana califica a la democracia, en efecto, como "derecho de los pueblos" que los gobiernos han de garantizar. Es, en suma, un derecho de todos y para todos, en medio de sus diferencias y como límite de la propia pluralidad democrática.

La unidad alrededor de la Constitución que ha de alcanzarse y garantizarse, es en efecto, la unidad de todos y del todo para la preservación del derecho a la democracia, su función integradora del pluralismo social y como teleología del poder político, que es asegurar el respeto de la dignidad humana.

b) La democracia como derecho y servicio a la verdad

En mi libro *Memoria, verdad y justicia: derechos humanos transversales a la democracia*, abordo la cuestión en detalle. Baste, por lo pronto, considerar lo siguiente:

Según Peter Häberle, cabe agradecerle a Vaclav Havel, "que pasó de ser prisionero de la República Socialista

Checoslovaca a presidente constitucional de la República Federal Checa, el exigir por primera vez el "derecho a la verdad". Aquél realiza, a tal propósito, la exégesis más lúcida —desde la perspectiva histórica, filosófica, cultural y jurídica— sobre la verdad constitucional y se pregunta si acaso ¿es un sueño el querer fundar el Estado en la verdad? Y se plantea y nos plantea un asunto crucial, como lo es indagar sobre los límites de la tolerancia en la democracia y el Estado de Derecho.

El jurista y pensador quien es luz —en versos de Emilio Mikunda— de la Alemania de nuestro tiempo, cree, en suma, que sí "tiene sentido preguntarse si es posible que el Estado constitucional fije los límites dentro de los cuales exista la tolerancia y al mismo tiempo no se apoye ni en un mínimo de verdad, porque no puede decirse que sea posible tolerancia alguna sino hay un deseo por la verdad".

c) La democracia como representatividad de lo social

Cabe decir, al respecto, que si la representación implica, según lo ya dicho, la visibilidad de la democracia, su transparencia, su posibilidad de no permanecer como experiencia secreta, para superar las críticas justificadas que hoy la debilitan han de resolverse: (1) La confusión que se critica desde la doctrina entre la sociedad civil y la política, vale decir o mejor aún, la señalada apropiación por aquélla y sus intereses "privados" de los ámbitos de ésta, y que, a guisa de lo dicho antes, puede significar intensificación de lo democrático; y (2) el abuso de las mayorías que se afirman sobre la muerte política de las minorías invisibilizándolas y apropiándose en su favor de la soberanía popular como un todo, que incluiría a la parte que no logra ser representada y cuya voz, al final, no cuenta, pues se diluye tras el grito de la mayoría.

Se requiere, entonces, relanzar y desbrozar de falacias a la representación política, esencia de la experiencia real de la democracia; tanto como se hace prioritario resolver los problemas que plantea ésta, como el de su falta sobrevenida de representatividad y la consiguiente necesidad, en la democracia, de que no la encarnen, a manera de ejemplo y en su defecto, órganos "monocráticos" de manifiesta vocación populista, electos bajo el citado criterio mayoritario y que presumen como dogma la unidad y homogeneidad del pueblo: "Voluntad colectiva unitaria" que se expresa en el Jefe de la facción mayoritaria o que gobierna un Estado centralizado y presidencialista, afirma Ferrajoli. La experiencia del socialismo del siglo XXI es al respecto más que ilustrativa.

d) La democracia como realización de la Justicia y garantía de su coherencia

Al respecto interesa destacar, sin mengua de otros predicados normativos que puedan surgir luego de una reflexión más detenida sobre la cuestión, que admitido que la democracia es un derecho totalizador de los derechos y su eje transversal, derecho o servicio a la verdad, y representación representativa, el conjunto de sus manifestaciones —elementos esenciales y componentes fundamentales— han de ser coherentes unas con otras a la luz de los principios ordenadores de la buena fe y la dignidad humana.

En la práctica, resolver sobre los derechos y acerca de sus garantías dentro de un Estado de Derecho, implica, en primer término, contextualizar democráticamente, es decir, afirmar el derecho a la democracia y al término resolver —¿acaso el juez constitucional o el parlamento— o ambos a la vez en sus tareas esenciales de guardianes de la Constitución?— sobre la base de la naturaleza de la persona humana, entre derechos que se aleguen o se opongan y sus tutelas, dándole textura de base a la diversidad social, linderos democráticos al pluralismo, y circunscribiendo el todo a las exigencias ineludibles de la misma democracia.

PRESENTACIÓN EN EL FORO "VISIÓN EVOLUTIVA DE LA DEMOCRACIA"

Luis Fleischman

La democracia moderna no puede ser modelada según el enfoque propuesto por Nicolás Pauccar. Nicolás propone una democracia basada en la igualdad como lo hace su grupo, la tribu Q'ero, en las remotas alturas del Perú y habla de los pueblos originarios como verdaderas democracias. En ese sentido la democracia e igualdad que existen en esta tribu es comparable a otras comunidades de economía agrícola, de pastoreo o de forrajeo que antropólogos han definido como comunidades igualitarias. Pero este sistema de igualdad y democracia solo funciona en sociedades pequeñas de economía simple cuyo crecimiento y dinámica social son limitados. En una sociedad moderna existe una sociedad civil en constante estado de movimiento, susceptible a cambios tecnológicos, económicos y culturales que ocurren con mucha más fluidez de lo que alguna vez hayan ocurrido en tiempos anteriores.

El hombre moderno es un hombre crítico con necesidades cambiantes. La sociedad moderna es cada vez más diversa y por ende el potencial de conflicto es mayor aún.

L as sociedades latinoamericanas si bien no son sociedades típicas de primer mundo, poseen una economía y características relativamente modernas. El primer mundo es el modelo que usamos para juzgarnos y al cual aspiramos porque América Latina es parte de occidente pese a su retraso con respecto a los países desarrollados.

Y es aquí de donde parto para analizar los retos que América Latina confronta.

Comencemos por recalcar que previo al surgimiento de las dictaduras o semidictaduras de izquierda en países como Venezuela, Bolivia, Nicaragua y Ecuador que alcanzaron el poder en varios países latinoamericanos en la primera década de este siglo y milenio, la democracia en eso mismos países había sido imperfecta y se encontraba en una profunda crisis.

Los partidos políticos se manejaban como corporaciones con intereses propios donde su interacción con la sociedad civil se producía durante época de elecciones. Miembros de la sociedad civil eran abordados con el objetivo de buscar votos. Una vez en el poder ellos gobernaban con un mandato ilimitado. La sociedad civil contaba como una proveedora de votos no como un ente que necesitaba una voz y representación y al que había que servir. Los partidos políticos gobernaban a la distancia. Promesas electorales eran rotas en forma descarada.

La democracia moderna no es simplemente un sistema de elecciones libres donde elites políticas o partidos políticos compiten por el poder. La democracia contiene también un sistema de derechos que permiten el libre desarrollo de los individuos y los protegen de abuso estatal, así como también de abusos por parte de otros ciudadanos o entidades privadas. La democracia moderna es también un principio organizativo que se adapta a individuos modernos y a una sociedad moderna que es dinámica e impredecible. O sea, la democracia moderna provee un orden a una sociedad potencialmente conflictiva dado que las aspiraciones de distintos individuos e intereses pueden chocar tanto a nivel material como a nivel ideal.

Conflictos pueden ser de interés puro o ideológico. Si la democracia no logra conciliar estos conflictos se desploma como un castillo de arena ante la creciente polarización.

Los derechos políticos proveen una voz a las diferentes necesidades e intereses sean materiales o ideales. Los partidos políticos, sindicatos, asociaciones industriales y comerciales, movimientos sociales como el movimiento feminista o medio ambiental, constituyen una sociedad política que debe representar estas diferencias y necesidades de la sociedad civil. La política es un mediador entre demandas de la sociedad civil y un orden social o sea entre la sociedad civil y el estado.

Son las leyes que se legislan en el estado las que deben poner orden en este caos de gran diversidad de intereses y democracia. Pero las leyes del estado no pueden ser efectivas si no responden a una dinámica donde la sociedad civil es partícipe y el sistema legal es el resultado de una negociación equilibrada y concesiones mutuas entre los diversos elementos dentro de ella. Es este procedimiento democrático que determina la legitimidad del estado y los fundamentos del orden social moderno. Las leyes democráticamente promulgadas constituyen la columna vertebral y la estructura que da estabilidad al estado moderno.

Este fenómeno no se ha dado en América Latina de la misma forma en que se dio en los países más desarrollados. Los casos de los países del ALBA donde emergieron regímenes revolucionarios y autoritarios dan ejemplo de ello. Tomemos los casos de Venezuela y Ecuador previos a la emergencia del Chavismo y el Correísmo.

Desde 1958, Venezuela ha sido gobernada principalmente por dos partidos principales: Acción Democrática (AD) y Comité de Organización Política Electoral Independiente (COPEI). Durante mucho tiempo, ambas partes compartieron aproximadamente el 80% de los votos legislativos y el 90% de los votos presidenciales. A través de un acuerdo conocido como el "Pacto de Punto Fijo", ambas partes acordaron consultar entre sí cada vez que surgían cuestiones controvertidas. Líderes de ambos partidos trataron seriamente de evitar el conflicto ya que lo veían como una amenaza potencial a su poder. El estancamiento político más el impasse ejecutivo-legislativo, fueron vistos como obstáculos para el ejercicio del poder y una amenaza a su gobierno. Las partes generaron un consenso de élites con poca participación social.

El pacto de Punto Fijo sobrevivió tanto tiempo precisamente porque estaba directamente asociado a la producción de petróleo y a la redistribución de su riqueza como un instrumento para asegurar la legitimidad política. Las fuerzas armadas fueron remuneradas con altos salarios, ascensos y costosos equipos. Las asociaciones empresariales, como Fedecámaras, consecomercio y conindustria recibieron subsidios, impuestos bajos y aranceles proteccionistas. Los sindicatos de trabajadores también fueron recompensados con altos salarios.

La disciplina del partido y el clientelismo crearon una situación similar a un sistema de partido único. Estos partidos crearon un sistema de bienestar basado en la redistribución y el mecenazgo sostenido en gran medida por los ingresos petroleros. Por lo tanto, la democracia venezolana se basó principalmente en la paz industrial. Al mismo tiempo, la primacía de los partidos redujo el peso de grupos autónomos dentro de la sociedad civil. Los dos partidos intentaron penetrar y ejercer influencia sobre la mayoría de las organizaciones independientes, como sindicatos y asociaciones profesionales. Las elecciones internas dentro de estas organizaciones tomaban lugar sobre la base de la competencia entre ambos partidos.

La monopolización del poder político por esta fórmula bipartidista condujo inevitablemente a la corrupción desenfrenada, que fue alentada aún más por una cláusula secreta en el acuerdo de Punto Fijo que prohibía el enjuiciamiento de la corrupción.

Siempre y cuando los dos principales partidos, AD y COPEI, pudieran aplicar políticas de redistribución utilizando ingresos petroleros de alto precio, también pudieron mantener el statu quo y mantener viva la democracia formal. Cuando la crisis económica requirió políticas de ajuste económico, el descontento público causó disturbios. Lentamente, el viejo régimen bipartidista se desmoronó ante una crisis económica y social.

En el momento de la elección de Hugo Chávez, los dos partidos políticos dominantes eran considerados como entidades corruptas que desperdiciaron la vasta riqueza petrolera del país y dejaron una tremenda brecha entre ricos y pobres. Así, Chávez emerge en las elecciones de

1998 como una figura "bonapartista", que surge de la crisis partidaria. Chávez era visto como un salvador, el hombre cuyo carisma reemplazaría al caduco arreglo de Punto Fijo. El concepto de "Partidocracia" o gobierno oligárquico de los partidos, fue un lema utilizado por Hugo Chávez y otros para deslegitimar al antiguo régimen. Este tipo de discurso contra el establecimiento bipartidista y las medidas de ajuste lo ayudaron a ganar las elecciones en 1998.

En Ecuador, después de una dictadura de 10 años (1969-1979), el orden constitucional fue finalmente restaurado. A medida que se restablecía la democracia, surgió un fuerte movimiento indígena encarnado en la Confederación de Nacionalidades Indígenas del Ecuador (CONAIE). Esta organización representaba el 40% de la población indígena que comenzó a emerger de la marginalidad política de Ecuador. Los partidos ecuatorianos funcionaban como vehículos que potenciaban el liderazgo político de las élites, pero no lograron incorporar movimientos sociales y nuevos grupos en el sistema. El liderazgo partidario continuó usando las elecciones simplemente como vehículos para ser elegidos. El cambio de ideología para beneficio personal fue un fenómeno muy común entre los miembros de la clase política. Por ejemplo, un tercio de los elegidos para el Congreso en 1992 se cambiaron de partido a base de promesas que beneficiaban pura y exclusivamente a ellos, no porque servían a sus votantes. Esta forma de hacer política socavó la capacidad del sistema para incorporar grupos sociales y convertirse en verdaderos representantes de sectores dentro de la sociedad civil.

La comunidad indígena era la más excluida y ningún partido se acercó a ellos. La población indígena comenzó las manifestaciones callejeras y presionó por el reconocimiento cultural, la educación bilingüe y demandó reforma agraria, pero fue en vano. Estas protestas se encontraron ocasionalmente con medidas represivas. El resentimiento indígena y popular aumentó.

En 1996 los ecuatorianos eligieron a un "outsider" como presidente de Ecuador, Abdala Bucaram, quien capitalizó el descontento general de los ecuatorianos. Bucaram llevó a cabo medidas de ajuste económico, que incluyeron impuestos y aranceles más altos. Estas políticas, más la creciente corrupción del gobierno, elevaron la furia de las clases medias y el movimiento indígena cada vez más poderoso. Las detenciones y huelgas forzaron a Bucaram a abandonar el poder.

En lugar de aumentar la representación, los partidos tradicionales procedieron a llevar a cabo una reforma constitucional destinada a fortalecer el poder ejecutivo. La nueva constitución de Ecuador le quitó poder al parlamento sin haber logrado resolver ningún problema.

En 1998, Jamil Mahuad, fue elegido presidente. Al caer los precios del petróleo en el mercado internacional, se produjo una crisis económica. Mahuad se apoderó de los depósitos de sus ciudadanos de la noche a la mañana sin previo anuncio o debate público alguno. Poco después, las organizaciones indígenas marcharon en las calles en masa demandando un cambio en la política económica y la renuncia de Mahuad. Los militares se sumaron a esta protesta. Lucio Gutiérrez, el militar que apoyo las protestas se postuló en las elecciones presidenciales prometiendo responder a las demandas de los grupos de protesta e indígenas.

Sin embargo, una vez en el poder, Gutiérrez adoptó políticas de austeridad económica contrarias a las políticas de redistribución populista que expresó en su campaña electoral. Estas políticas provocaron la retirada inmediata del apoyo del movimiento indígena. A medida que crecía el descontento, la represión política se agravó.

Siguieron levantamientos callejeros, donde los manifestantes llamaron a expulsar a la clase política. El lema de los manifestantes "Que se Vayan Todos" se hizo eco de un canto ya escuchado un año y medio antes en Argentina, donde los manifestantes de la calle expresaban su desconfianza hacia la clase política y el sistema político. El Congreso finalmente destituyó a Gutiérrez luego de manifestaciones masivas dominadas por desconfiados indígenas. La destitución de Gutiérrez allanó el camino para el ascenso de Rafael Correa, quien, como Chávez, se postuló en una fuerte plataforma anti-establishment.

Esta desconexión sociedad civil-estado se ha extendido a través de toda América Latina. Los regímenes autoritarios que dominaron la mayoría de los países de América Latina por largos periodos agravaron esta patología porque al reprimir a la sociedad civil y a sus representantes también aumentaron la brecha entre la ley y la sociedad civil. En América Latina el parlamento o congreso ha sido tradicionalmente débil. Siempre se ha tratado de resolver los problemas teniendo un poder ejecutivo poderoso a expensas del congreso, que es el ámbito donde se producen los compromisos, el debate público y el proceso legislativo. Los poderes judicial y legislativo se subordinaron a las prerrogativas del poder ejecutivo. Así el estado como un sistema legal se vuelve tan débil como la sociedad civil misma.

Es así que muy a menudo las fuerzas armadas y líderes carismáticos son percibidos como individuos fuertes capaces de responder a las exigencias y necesidades de la sociedad civil en reemplazo de un sistema débil. Estos terminan colonizando la maquina estatal, labor que esta misma debilidad estatal les facilita.

Grupos indígenas y otros grupos que en el pasado se habían mantenido al margen de la actividad política como los Piqueteros en la Argentina, los "Sin Tierra" en Brasil y otros grupos deciden apoyar a proyectos revolucionarios y no a la democracia. Grupos indígenas en Bolivia y en Ecuador se volcaron hacia Evo Morales y Rafael Correa. (Los "Sin Tierra" si bien es un grupo brasileño que forma parte de los movimientos que apoyaron la candidatura de Luis Inazio "Lula" Da Silva, un social demócrata, consideraban a Hugo Chávez como su verdadero héroe. Nuevamente la demanda por justicia social se torna más importante que la democracia constitucional o los derechos formales.

Es en este sentido que grupos recientemente incorporados al sistema político incluyendo grupos indígenas identificaron al establishment de partidos políticos con la democracia misma. La crisis de legitimidad de los partidos políticos condujo a la de legitimización de la democracia misma. La desconfianza en los partidos políticos hiere de muerte a la democracia.

En cuanto al impacto de la globalización, si bien es cierto que debilita el poder del estado no debería crear crisis terminales si este estuviese realmente comandado por la ciudadanía organizada. En América Latina el estado había dejado huérfanos a muchos de sus habitantes y ciudadanos mucho antes de la globalización. Es un problema que radica en la esencia del contrato social. La globalización acentuó las fallas del contrato social latino americano cuyas bases no eran democráticas ni flexibles para adaptarse al cambio social.

Pero aquí también hay otro problema que es cuál sería la responsabilidad del ciudadano. El ciudadano en América Latina se ha acostumbrado también a votar a sus líderes y esperar que estos actúen correctamente. Es responsabilidad de los ciudadanos y de los grupos organizados mantenerse alertas entre los periodos electorales y mantener el contacto con los congresistas y representantes del gobierno. Es también su responsabilidad proponer leyes a sus representantes, promoverlas activamente y participar del debate público.

Es necesario restaurar la democracia deliberativa o sea una democracia donde no solo el congresista es elegido para representar sino también donde grupos sociales participan activamente de las decisiones que los afectan.

La democracia es concebida por algunos sectores no despreciables de la izquierda como algo secundario en comparación con la distribución justa de recursos. No es casualidad que tantos líderes sociales e intelectuales de izquierda hayan apoyado los proyectos revolucionarios de Chávez, Correa y Morales.

La democracia trata precisamente de insertar a los de abajo en el proceso legislativo para que estos también logren sus objetivos. La idea de que desde el poder decisionista se logre justicia es una ilusión. El buen funcionamiento de la democracia depende de nosotros. Tampoco podemos solamente votar entre alternativas dadas.

Hay que crear los temas que son relevantes y forzar a los políticos a considerarlos. No podemos ser solo nosotros los que tengamos que responder a las opciones políticas que nos ofrecen los mismos políticos. Si estas existen tienen que ser porque escucharon a la sociedad civil y son responsables frente a esta. Y esto requiere una constante vigilancia y activismo por parte de la sociedad civil.

La sociedad civil latinoamericana debe organizarse. La racionalidad no es pensar las cosas previo a las elecciones sino mantenerse activo mediante el diálogo democrático con los representantes políticos y la persuasión pública.

Como antes mencioné, la política es un medio de resolver problemas que se generan dentro de la sociedad misma. Si no estamos involucrados en los que nos concierne no podemos esperar a que los políticos lo hagan por nosotros.

No menos importante es la necesidad de reforzar el poder judicial y asegurar que este se mantenga independiente. El poder judicial ha sido apabullado en Venezuela y en los países del ALBA, pero también ha sido manoseado groseramente en países como Argentina siendo el caso de la sospechosa muerte del fiscal Alberto Nisman mientras investigaba a la presidente Cristina Kirchner un ejemplo de ello.

Es aquí donde resta la importancia de lo que yo he llamado "la rebelión de los jueces" cuyo epicentro ocurrió en Brasil, pero se expandió a todo el continente. Los casos de corrupción desenmascarados en Brasil gracias al accionar del juez Sergio Moro y de otros llevaron a la destitución y encarcelamiento de líderes políticos que parecían intocables como el ex presidente Lula en Brasil y el ex presidente del Congreso Alberto Cunha. La reacción en cadena en América Latina siguió con el procesamiento de Cristina Kirchner, la renuncia del vicepresidente del Uruguay (incluso por un delito considerablemente menor al esquema de Odebrecht), la renuncia del presidente de Perú Pedro Pablo Kuczynski y de Guatemala Otto Pérez Molina y la investigación de otros tantos políticos como el actual presidente brasileño Michel Temer y el ex presidente Alejandro Toledo.

Este desarrollo es de una inmensa importancia, pero está lejos de estar institucionalizado. La independencia del poder judicial debe lograrse mediante un proceso combinado de educación y de escrutinio civil.

El mundo en este momento está viendo como la democracia es destruida por líderes electos mediante el proceso democrático. Además de países como Venezuela, Nicaragua y Bolivia, fuera del continente países como Rusia, Turquía, Polonia, Hungría y otros ejercen el poder autoritario valiéndose de elecciones y otros mecanismos teóricamente democráticos. América Latina debe continuar la lucha en contra de esta corriente como lo ha estado haciendo desde hace algún tiempo. Pero el camino es largo aún y necesita una buena brújula y navegantes responsables.

www.ingramcontent.com/pod-product-compliance
Lightning Source LLC
Chambersburg PA
CBHW070030260726
48658CB00002B/570